中國學術思想 研究輯刊

十二編

林慶彰 主編

第38冊

鵝湖爭議眞諦之研究
——由朱陸對認知的主張看鵝湖爭議之眞諦

方蕙玲 著

陸九淵人格教育思想研究
——以「生活化儒學」爲中心

張念誠 著

花木蘭文化出版社

國家圖書館出版品預行編目資料

鵝湖爭議真諦之研究——由朱陸對認知的主張看鵝湖爭議之真諦　方蕙玲　著／陸九淵人格教育思想研究——以「生活化儒學」為中心　張念誠　著— 初版 — 新北市：花木蘭文化出版社，2011〔民 100〕

序 2+ 目 2+72 面 + 目 2+100 面；19×26 公分
（中國學術思想研究輯刊 十二編；第 38 冊）
ISBN：978-986-254-678-9（精裝）
1.（宋）朱熹　2.（宋）陸九淵　3. 學術思想　4. 教育哲學
5. 比較研究
030.8　　　　　　　　　　　　　　　　　100016075

ISBN-978-986-254-678-9

中國學術思想研究輯刊
十二編　第三八冊　　　　　　　ISBN：978-986-254-678-9

鵝湖爭議眞諦之研究
——由朱陸對認知的主張看鵝湖爭議之眞諦

陸九淵人格教育思想研究
——以「生活化儒學」爲中心

作　　者　方蕙玲／張念誠
主　　編　林慶彰
總 編 輯　杜潔祥
出　　版　花木蘭文化出版社
發 行 所　花木蘭文化出版社
發 行 人　高小娟
聯絡地址　新北市永和區中正路五九五號七樓
　　　　　電話：02-2923-1455 ／傳眞：02-2923-1452
網　　址　http://www.huamulan.tw 信箱 sut81518@gmail.com
印　　刷　普羅文化出版廣告事業
封面設計　劉開工作室
初　　版　2011 年 9 月
定　　價　十二編 55 冊（精裝）新台幣 90,000 元

鵝湖爭議眞諦之研究
——由朱陸對認知的主張看鵝湖爭議之眞諦

方蕙玲　著

作者簡介

姓名：方蕙玲

學歷：東海大學哲學博士

經歷：東吳大學、淡江大學、台北護理學院、陽明大學、台灣科技大學、台灣藝 術大學兼任教
師

現職：明新科技大學專任副教授

學術專長：中國哲學、易經、生死學、女權主義

提　　要

　　本文因嘗試自「認知」的角度來探究朱陸爭議的真義，故將於首章中指出，目前對朱陸爭議之研究，無論是認為二者可互相疏通、方法論相異，或是「心性觀」之不同者，皆有其不足之處，是以嘗試自二人「認知」角度著手、以期能對爭議有另一番說明。指出朱子嘗試由對經驗界的「知性之知」，過渡到內在自省所得之「德性之知」，以悟性原理來規範道德原理，對道德的規律性有著較深刻的體認。第三章則以象山的認佑體系為主旨，以「志於道、據於德、依於仁、游於藝」四者來說明象山所持之認知過程，指出其直接由內在的道德要求，有意識的來看待「道德判斷」，由此發現道德的主體性與自發性，對道德的自由抉擇特性有充分的發揮。

　　至第四章，學生將以朱陸各自之認知系統的內在要求，以及「認知心」類比活動下之必然結果。最後並透過比較結論出，朱子乃強調道德的社會屬性，要求道德原則與經驗社會的互相配合；象山則強調道德的內在隸屬性，透過內在對道德的要，求使「當然」原理轉變為「實然」之行為，二者實因對「道德」特性的認佑互異，故有學說方向之不同，此亦朱陸爭議產生之原因所在。

目次

序　言

　　朱子與象山「鵝湖之會」，八百年來一直被視爲當時學術界之盛事，並以會中辯論內容爲「理學」與「心學」兩大派別爭議之關鍵，是以後世研究「宋明哲學」者，莫不以此次議論做爲分辨「程朱」與「陸王」兩派學術立場相異之始。然綜觀各類研究，多由朱、陸之「心性觀」著手，鮮有其他方向之研究，而學生在詳細研讀朱、陸之著作後，竊以爲朱、陸二子學說之差異，乃在於對「德性之知」的過程與期許的不同見解上，是以形成不同之「心性觀」；是認知哲學的不同，導致了其他部分論說之相異。是故本篇中，學生即嘗試分別自朱、陸二子對認知的不同之處著手，期能透過二子「認知」上的不同見解，對爭議的內容有一番新的詮釋。同時，由於朱、陸二子於「鵝湖」會後的書信往來中，復針對「無極而太極」之論點展開一連串的辯論，其中牽涉到形上觀的歧異，因此亦將之收於本文之中，列爲朱、陸爭議的一個重要問題來討論。

　　本文首章略述朱、陸爭議的問題背景，以及歷來學者的研究重點與不足之處，二、三章則針對朱、陸二人的「認知哲學」加以探討，第四章再以朱、陸各自之認知基礎，對爭議內容加以重新詮釋。期能對問題尋到一條新的解決路線。

　　本文承趙師玲玲先生與魏師元珪先生在思想上之循循善誘，內容上之批改指正，方得以順利完成，唯因學殖所限，掛一漏萬之處，在所難免，如能有一得之愚，皆吾師之啓示也。

第一章　朱陸二子哲學問題的背景

　　宋明哲學在整部中國哲學史上佔著舉足輕重的地位，不僅因其標榜著先秦儒家精神的承繼與復興，更在於將儒家的形上基礎做一完整的建構。尤其是繼周濂溪、張橫渠及二程子之後而起之朱晦庵與陸子靜，又各因承述之不同，產生了相左之學術立場，繼而衍生了「道統」上的問題。由於「道統」問題實牽涉到「學統」的問題〔註1〕，孰是孰非實難驟下定論，是以歷來學者對朱、陸的研究，即多偏重於此二人論點上的不同，並以鵝湖之會與朱陸書信往來，為兩人爭論所在。是以學生在本篇研究之始，自當先述前人研究所得，並提出其不足之處，如此方足以展開自身之研究。故擬於此章先略述朱陸爭議的背景，再根據現有研究之不足加以探討。

第一節　朱陸二子交往略述

　　朱子與象山二人生平只有二次會面，一為淳熙二年乙未（1175）四月底，由呂東萊安排，相聚於江西廣信府鉛山縣之鵝湖寺〔註2〕。另外一次則為淳熙八年辛丑（1181）二月，象山訪朱子於南康，十月講「義利之辨」於白鹿洞書院。除了這兩次的會面以外，自淳熙二年（1175）至紹熙三年（1192）十二月象山死，在十七年之間雙方各自往來二十一函〔註3〕，除互致情誼之外，尚各

〔註 1〕 有關宋明哲學中「道統的問題」，見方東美先生所著之《新儒家哲學十八講》第三講。
〔註 2〕 見清‧王懋竑纂訂之《宋朱子年譜》、《象山年譜》及陳榮捷先生所著收錄於《朱學論集》一書中之〈朱陸通訊詳述〉一文。
〔註 3〕 有關朱陸二子間書信往來之詳情，見陳榮捷先生所著《朱學論集》一書，頁264。

站在不同的立場展開學術上的論辯。〔註4〕

　　鉛山鵝湖之會被後世視爲「理學」與「心學」兩大派系之間的論辯，意義非凡〔註5〕，由此可見當時兩家已自成系統，各持所是，是以方能各據觀點加以辯論。然而此次聚會雖然意義深遠，爲八百年來學術爭議所在，文獻上卻並未有詳細而完整的記載。較爲詳細的資料僅限於《象山語錄》與年譜中的兩段，其他只零星地散見於《朱子語類》之中。依據近人陳榮捷先生的整理與分析，此會辯論內容大致可以分爲五個重點：（一）支離與簡易之爭；（二）九卦之序；（三）解經；（四）子壽新篇；（五）品評學者〔註6〕。其中又以「支離與簡易」爲此次討論之重點。蓋此一爭論日後在書信往來中亦不斷述及，反覆辯論，故一般皆以之爲朱陸異同的重點。《象山全集》〈卷三十四語錄〉中，對此有較詳細的記載，全文如下：

> 呂伯恭爲鵝湖之集，先兄復齋謂某曰，伯恭約元晦爲此集，正爲學術異同，某兄弟先自不同，何以望鵝湖之同。先兄遂與某議論致辯，又令某自說，至晚罷，先兄云子靜之說是。次早某請先兄說，先兄云，某無說，夜來思之，子靜之說極是，方得一詩云：孩提知愛長知欽，古聖相傳只此心，大抵有基方築室，未聞無址忽成岑，留情傳註翻蓁塞，著意精微轉陸沈，珍重友朋相切琢，須知至樂在於今。某云詩甚佳，第二句微有未安。……某云，途中某和得家兄此詩云：墟墓興哀宗廟欽，斯人千古不磨心，涓流滴到滄溟水，拳石崇成泰華岑，易簡工夫終久大，支離事業竟浮沈。舉詩至此，元晦失色，至末二句云：欲知自下升高處，眞僞只須辨自今。元晦大不懌。

雷鈜於其所著，收錄於《鵝湖講學會編》一書之〈鵝湖詩說〉中即曾表示過：「朱陸異同聚訟，至今始行鵝湖之詩。」由此可見一般皆以復齋與象山所賦之詩爲鵝湖爭訟的主題，又以象山所賦最後幾句「易簡工夫終久大，支離事

〔註4〕　清·汪偉於收錄在清·鄭之橋所編之《鵝湖講學會編》一書中之〈文宗書院記〉一文中表示：「宋淳熙間，四君子嘗約講學於鵝湖山，不遠數百里，至止相與極論，不合罷去，而繼以書箚往復辯難，動盈卷帙。」

〔註5〕　《象山年譜》對此曾載朱亨道語：「鵝湖講道，誠當今盛事，伯恭蓋慮朱與陸猶有異同，欲令歸於一，而定其所適從。」清·鄭之橋亦曾於其收錄於《鵝湖講學會編》之〈朱陸異同論〉一文中表示：「道學之聚訟，惟朱陸異同爲始，五百年來學者，莫不傳爲口實。」由此可見此次聚會之意義重大。

〔註6〕　見陳榮捷先生所著《朱學論集》一書，頁241～245。

業竟浮沈」爲重點所在，故謂之「易簡與支離」之爭。

於此，象山一方已表明了立場，蓋認爲朱子的學說爲「支離」，「不相干」於道德實踐，而以直指本心之說爲聖賢事業。故以《易·繫辭傳上》之「乾知大始，坤作成物，乾以易知，坤以簡能，易則易知，簡則易從。」來說明通過「仁心」的自覺，以開闢此「易簡」之源，條暢貫通，成就一可久可大之價值創造。也就是說以超越面的乾坤，其內在落於主體而爲「本心」之意〔註7〕。對此，書上並未有朱子直接反駁的記載。《朱子文集》卷四十九〈答王子合書〉中亦僅言：「前月末送伯恭至鵝湖，陸子壽兄弟來會，講論之間，深覺有益，此月八日，方分手而歸也。」《象山語錄》亦只記載象山舉詩後「元晦大慚，於是各休息。翌日二公商量數十折議論來，莫不悉破其說，繼日凡致辯，其說隨屈，伯恭甚有虛心相聽之意，竟爲元晦所尼。」至於議論內容如何，朱子論點如何悉被破去，二人之間辯論詳情，終未能有明白之說明。根據王懋竑纂訂的《朱子年譜》記載，直至淳熙六年己亥（1179）二月，象山往訪朱子時，朱子始和詩相應。

> 和鵝湖詩子壽韻云：德義風流夙所欽，別離三載更關心，偶扶藜杖出寒谷，又枉籃輿度遠岑，舊學商量加邃密，新知培養轉深沈，只愁說到無言處，不信人間有古今。

文字之間似對象山的發明「本心」深不以爲然，故以「只愁說到無言處，不信人間有古今」，來相對應於象山兄弟之「至樂在於今」及「眞僞只須辨自今」。於此，朱子表明了自己「留情傳註」的眞正精神所在，乃在於古今一同與其間精神的相通無礙，從古人傳註之處可明今日日用行事之理，是以強調古人議論可爲今人入德之基。「支離與簡易」的議論，至此乃算告一段落。然此次聚會雙方僅提出己方立論宗旨，至於議論過程，文獻上則付之闕如。學生將於下一節中，分述歷來學者對此次議論所持之觀點。

鵝湖會後六年，即淳熙八年辛丑二月，象山訪朱子於南康郡，十日在白鹿洞書院升講席，發明「義利之辨」〔註8〕，所觸及的乃是儒家一貫精神所在，

〔註7〕見蔡仁厚先生所著之《宋明理學》，〈南宋篇〉，頁249。

〔註8〕《朱子年譜》對此記載：「子靜來訪，請書其兄教授墓誌銘，先生率僚友諸兄，與俱至白鹿洞書院，請升講席。子靜以君子小人喻義利章發論，先生以爲切中學者隱微深痼之病，請書於簡，以誌同志。」《朱子文集》卷中亦記載：「十月丁亥，熹率僚友諸生，與俱至於白鹿洞書堂，請得一言以警學者，子靜既不鄙而惠許之，至其所以發明敷暢，則又懇到明白，而皆有以切

屬於「德目」的說明，同時亦對當時的社會現象，文人心態加以一番批評，言詞上並未觸及二人學術立場的異同，因此賓主盡歡，並未發生言論上爭辯，而朱子對象山的講論內容，更是發出了由衷的贊嘆。在學術立場上來看，此次會面因未觸及核心問題，故在研究朱陸同異的立場上，此次會面並無深刻的意義，反倒是雙方自鵝湖會面後，至象山謝世的十七年之間之書信往來內容中，雙方有著學術立場上的爭議。

前文學生據陳榮捷先生研究所得，曾指出朱陸各自往來二十一封信，其中以針對朱子引周濂溪「無極而太極」思想於《近思錄》中所產生的說辯最爲著名〔註9〕。嚴格地說，朱陸論辯「無極而太極」的問題，應始於淳熙十三丙午年，與十四丁未年〔註10〕，其答陸子美之第一、二書〔註11〕。因爲此二書皆曾就「無極」之是否需要而各自提出論點，是以應包括於「無極而太極」的辯論之中。除此之外，象山爲此亦曾提出質詢（見《象山全集》卷二與〈朱

中學者隱微深痼之病，蓋聽者莫不竦然動心焉。熹猶懼其久而或忘之也，復請子靜筆之於簡而受藏之，凡我同志，於此反身而深察之，則庶乎其可以不迷於入德之方矣。」《象山年譜》也有著這麼一段記載：「元晦又與楊道夫云，曾見陸子靜義利之說否，曰，未也。曰，這是子靜來南康，熹請說書，卻說得這義利分明，是說得好。如云，今人只讀書便是利，如取解後又要得官，得官後又要改官，自少至老，自頂至踵，無非爲利，說得來痛快，至有流涕者。」

〔註 9〕陳榮捷先生的四十二封信的考察，是除了文獻上的記錄之外，從行文間的提及加以推算出來的。實際上完整留下來，記錄於《朱文公文集》及《象山全集》的，則有朱子及象山的各自六封信。而討論到濂溪《太極圖說》的重要的信件，則僅限於淳熙十五年戊申十一月八日，與淳熙十六年己酉正月，朱子予象山的兩封信，及淳熙十五年象山予朱子的兩封信中。此外淳熙十二年乙巳，十三年丙午及十四年丁未，朱子給象山的三封信，及十四年丁未象山給朱子的一封信中，則針對當時一般人爲學的缺失加以痛貶，亦可佐以參考。

〔註10〕據陳榮捷先生所著〈朱陸通訊詳述〉一文研究指出，朱子於淳熙十四年間答陸子靜第四書中有「所諭與令兄書辭費而理不明，今亦不記當時作何等語」的句子，乃指與陸子美二書內容。而此年象山與朱子的信上（陸函十三）並未提及此事，故推測有另一封信（陸函十四）的存在。因此推知，朱子〈與陸子美書二〉的時間，必當介於陸函十三與十四之間，而此二書皆於淳熙十四年完成，故推測〈與陸子美書二〉乃完成於是年。

〔註11〕其答陸子美第一書中云：「然殊不知，不言無極，則太極同於一物而不足爲萬化之根，不言太極，則無極淪於空寂而不能爲萬化之根。」第二書中亦記載著：「又謂著無極字，便有虛無好高之蔽，則未知尊兄所謂太極，是有形器之物耶，無形器之物耶。若果無形而但有理，則無極即是無形，太極即是有理，明矣。」

元晦第一書〉）：

> 古之聖人惟理是視……苟當其理，雖婦人孺子之言所不棄也。……
> 或乖理致，雖出古書不敢盡信也。

此乃象山為反對「無極」之建立所持之立場。接著象山便指出，首先《太極圖說》與《通書》不類，或周子年少之作，或非其作品，將之放入《近思錄中》，乃朱子文獻處理上的缺失；其次，「太極」一詞為古來即有，如《易傳》即明示「形而上者之謂道」，又曰「一陰一陽之謂道」，更何況是「太極」？故「太極」本已具有形上之意，無需再以「無極」來說明其形上特性。且若以「中」釋「極」，則「無極」頓成「無中」，尤至為不當，是故「太極圖」實出自道家之手，非持儒家固有立場，朱子將之放入《近思錄》中實為不妥。此番議論表明了象山視「太極」、「道」、「陰陽」等皆屬於形而上者，是故無須以「無極」來分別之立場。對應於此，朱子在〈答陸子靜書〉（五）中，更進一步條暢分析「無極」納入「太極」之上的適當性。書中朱子首先駁斥象山「古書不能盡信」之說，以為不明古書之理，未必即代表理乖，接著，便為其引濂溪《太極圖說》之事提出了學術上的立場，表明只要是至理即可採信的態度。朱子認為，「太極」、「無極」乃聖人「同條而貫」下的產物，本有著學理上的一致性，至於以「中」釋「極」，則是基於事物之「極」往往於「中」，是以「中」象物狀，並非定義，故不能釋「無極」為「無中」。且夫《通書》首章亦已指出，「中」與「太極」在內涵上有所不同，更顯示出象山以「無中」釋「無極」用語上之不妥。最後，朱復針對象山不分「太極」與「道」另做了一番抨擊，以為是對形上範疇的認識不清所致。至此，全文乃告一段落。為此，淳熙十五戊申年象山回朱子的信中，即有所謂「道器之辯」。象山表示：「至如直以陰陽為形器，而不得為道，此尤不敢聞。」文中暢論朱子以「陰陽」為形器而不為「道」的缺失，並以字義有「虛、實、指」之不同用法，再次說明「中」與「至」、「極」實為同義，「曰極曰中曰至，其實一也。」反駁朱子的「無極」無法合乎以「中」釋「極」的解釋。

淳熙十六年己酉，朱子復回函象山，除互致高誼外，再從「喜怒哀樂之未發」與「就氣稟發用，而言其無過不及處耳」來說明以「中」釋「極」之不當，並以「上天之載是就有中說無，無極而太極，是就無中說有，若實見得，即說有說無，或先或後，都無妨礙。」強調「無極」的重要性。「無極而

太極」之辯論，至此可謂告一段落。

「無極而太極」之辯關乎朱陸二人形上思想之異同，然綜觀全文，二人皆僅就字義上反覆辯論，並未針對各自學說體系提出有力的論點。不過不論辯論內容是否得當，其有效性如何，二人畢竟提出了學術基本立場上相異之處，故亦可視爲朱陸異同的重要文獻。

以上對爭議過程的詳細說明，旨在對問題背景加以澄清，以期明白朱陸之爭的詳實內容，至於有關問題的癥結所在，由於歷來學者見解不一，故本文將於下一節中分別整理之。

第二節　歷來學者論述之分析

有關朱陸異同的討論，大致可分爲兩種立場，一者持相同立場，一者持相異立場，在相異中，又分爲學說根本上的相異，與方法上的相異兩種。基於討論方便，本文擬先述持相同立場者，次述方法論上持相異見解者，最後再詳述持學說基礎相異觀點者。

一、持相同觀點者

此派的重要觀點，在於認爲朱陸二人學述立場完全相同，所不同者，僅在於入手處上的不同。如謝山於《宋元學案》卷五十八〈象山學案〉附錄中即云：「斯蓋其從入之途，各有所重，至於聖學之全，則未嘗得其一而遺其一也。」卷九十四〈師山學案〉中，鄭子美對此亦發高論：「陸子之質高明，故好簡易。朱子之質篤實，故好邃密。各因其質之所近，故所入之途不同，及其至也，仁義道德，豈有不同者？」由是，此二人皆以朱陸二子學說內容乃完全相同，但各因其質之異，故有入手處上的不同。這從謝山「未嘗得其一而遺其一」，以及鄭子美「仁義道德，豈有不同者」之論述中，可一窺其意。除此之外持此觀點之論述，尚有清雷鋐所著之〈鵝湖詩說〉，與清鄭之橋所著之〈朱陸異同論〉二篇（註12）。其中鄭之橋尤特別自陸子學說中舉述出二點（註13），視之爲「道問學」與「尊德性」之結合，以證明此一觀點之持

───────────────

〔註12〕二段文字皆出自清・鄭之橋編著之《鵝湖講學會編》。雷鋐以鵝湖之詩乃朱陸異同聚訟之始，並以爲象山之詩乃言「道體」，而朱子之說亦非「支離」，故有會通之處。鄭之橋則言「然則朱子陸子入德各異，而造道則同。」

〔註13〕「致廣大而盡精微，極高明而道中庸，溫故而知新，敦厚而崇禮。」與「同

之有理。

以上四人，皆明文論述朱陸「造道相同」之己見，認爲二人實可會通。但事實上，朱陸之異實非僅止於「尊德性」與「道問學」之問題，若僅止於此，則只是用力點上的不同，非惟學術立場有異，自然可以會通；然則，朱陸二子在許多基本見解上，如「心」「性」的定義，認知的對象等等，都有著許多歧見，這些問題，實無法以入手處之不同來全盤說明。因此持朱陸學說立場相同之論點者，根本上即無法說明爭辯上的許多問題癥結所在。於此，明王守仁則以另一種方式來表達此種立場。

陽明曾輯錄朱子諸篇述而成《朱子晚年定論》一書〔註14〕，認爲朱子所異於象山者，實在於中年以前之見解，至其晚歲，則大異前說，轉與象山之說會通。〈陽明子序〉即曰：「復取朱子之書而檢求之，然後知其晚歲固已大悟舊說之非……予既自幸其說之不繆於朱子，又喜朱子之先得我心之同然。」此乃以朱子部分書信的內容，來證明其晚年大悟前說之非，而轉與陸子之說同，實爲站在一己之立場，加以附會之言。然亦可算是言朱陸學說相同的一種說法。對於此一說法，從時間上來看，經錢穆先生對書信內容加以考證後，已證明非皆晚年之做〔註15〕，是故陽明之說在舉證上已嫌不足，自無法論斷朱陸學說之異。從思想上來看，朱子的哲學有其一貫主張，是承續儒家哲學內在要求而來的，他的哲學可以解說爲兩個要求，一個是據心以求理──「博學以文」，一個是以理入心──「返博歸約」，這兩個要求是相輔相成的。而肯定這種相輔相成的關係，仍是朱子自始至終一貫的主張〔註16〕。至於陽明所輯錄之部分，則可視爲朱子於鵝湖會後針對象山支離之說所做的反省與警惕，非可視之爲定論，因此陽明的《朱子晚年定論》就朱子的思想脈絡來看，亦是不合理路，只能視爲陽明求之於朱子與他認同所做的工作。

二、持「方法論上相異」之觀點者

除了前面論述的意見外，另外一些學者認爲，朱陸在論述方法上有根本

　　師堯舜……心有未明，安能明經。」
〔註14〕全文見《王陽明全書》語錄卷四。
〔註15〕見錢穆先生所著之《朱子新學案》等三冊，〈朱子象山學術異同〉，頁391。
〔註16〕見成中英先生所著，收錄於《東吳傳習錄》（三）之〈「朱子晚年定論」與「大學問」所涵攝的知識問題──兼論朱子「理」的創見〉。

的差異，如周大同先生與日人宇野精一先生〔註17〕。周先生以爲，朱子根本上是持二元論者，象山則是持一元論者；前者主歸納、主潛修，強調自外而內，自物而心，自誠而明的過程；後者則是主演繹、主頓悟，是一自內而外，自心而物，自明而誠的過程。宇野先生則進一步將朱子的二元論分析爲一種對立與矛盾統一的型態，是由二而一的過程，有別於象山單純的說一。這樣由二而一的過程，即是主體性的體認，與主知性的窮理之間加以統一的歷程，因與象山單純地主張主體性體認不同，故被言爲「支離」。透過以上的言論可以看出，周先生與宇野先生對朱陸二子不同的論述方法，無疑有著深刻的認識，然而方法的不同，實關係著對人類認知活動的理解與期許，因此若要明白這兩種不同的方法論，學生以爲首先即得了解朱陸二子對「認知」所持之態度。而二位先生雖然看到了朱陸二子在方法上的差異，畢竟亦只能解決「支離與簡易」的問題，無法說明「無極而太極」的問題。

三、持學說基本立場相異者

歷來論述朱陸學說基礎之相異者很多，惟各家說法不同，角度互異，其中有部分學者認爲，不論是朱陸鵝湖之會中「支離與簡易」之辯，其書往來中「無極而太極」之爭，抑或是「博」與「約」、「尊德性」與「道問學」之異，皆源於二人對「心」的見解不同；換句話說，這些學者是以朱陸二子言「心」的殊異爲其學說相異的關鍵所在。持這種說法者分別有勞思光先生、錢穆先生、徐復觀先生、周予同先生與陳郁夫先生等，以下分別述之：

首先，周予同先生與徐復觀先生〔註18〕曾表示：朱陸之異，實在於「心」「性」觀的不同見解上，朱子言「心」不同於「性」，象山之「心」則與「性」同。周先生指出：「象山與朱子不同，在象山認『心』與『性』是一非二；朱子則謂『性』是『心』中所具之『理』，『性』在於『心』而『心』非即『性』。」他認爲象山雖亦分別「性」與「氣質」，卻是「心」「性」不二，頗具一元論之傾向。至於朱子，則因主張「物」「心」同「理」，故「性理」雖具顯於「心」，其內涵卻不等同於「心」，而是具有更廣大悉備之內涵。且由於「天理」分別存在於「物」「心」之中，是故只求於「心」是無法盡「理」，使此「理」顯

〔註17〕見周大同先生所著之《朱熹》一書頁86～87，及宇野精一先生所著之《中國思想》（一）。

〔註18〕見周予同先生所著之《中國哲學概論一書》，以及徐復觀先生所著之《象山學述》一書。

明的，必須與「格物」互相配合。相應於此，徐復觀先生亦曾表示：「『心』
在程朱，總是認識的意味重，道德的意味輕。」至於象山，則由於主「心」
同於「性」，故「性理」即在「心」內，「心」即為眞知之源，如欲明「理」
只須竭盡此「心」，「心」即含宇宙所有之「理」。因此，對周、徐二位先生而
言，朱陸之分歧，實在於對「心」「性」間相屬關係的相異認知上；更確切地
說，即在於對「心」在道德主體中地位的不同認定上。徐先生針對於此復言：
「象山說『心』是主宰時，是主人的主宰；朱子說『心』是主宰時，實際只
是『總管家』的主宰。」他以為象山之「心」，在念慮起處即做一價值轉換，
並由此導至「道德主體心」；而朱子則須透過「窮理以致其知」至「反躬以踐
其實」的過程來做一價值轉換。這也就是陳郁夫先生所說的：象山之「心」
基本上即宇宙本體，即「義理心」，因此「心」之啓動即義理開啓，無須外求；
朱子所論之「心」則不專其道德主宰，是以「心」為「理」，因此須有一外求
之過程。於此即存在著「知性原理」能否開出「德性大本」的問題，此亦即
朱陸爭論產生之所在。〔註19〕

　　事實上，正如同徐復觀先生所言，就朱子來說，他雖強調「格物」之重
要性，卻並未忽視呈現道德主體的必要性，對他而言，「涵養本源」與「格物
窮理」乃是齊頭並進的，只是在程序上、大綱上以「格物」為先罷了。在《朱
子語類》或《朱文公文集》中，有許多地方即表達了他這種並未將「格物」
視為論述目的的看法。是以探討朱子學說時，重點應放在其所言之「思索義
理、涵養本源」、「涵養中自有窮理工夫，窮其所養之理；窮理中自有涵養工
夫，養其所窮之理，兩項都不相離」上，方能明瞭朱子對於道德主體性的要
求乃是與象山相同的，也才能明白為何對他而言，「窮理」與「涵養」之間有
一價值轉換問題存在。然而朱子與象山的歧異，其根源並不在於價值轉換過
程的相異與「心」的作用上，而是基本上對「道德原理」性質的認知即有所
不同，因此是認知活動決定了「心」的內涵，及道德轉換的時機，是故若不
能深入二人認知體系中，是無法對其差異的眞正所在有完整的說明。

　　此外，若以「心」「性」論述之異做為二子相異之處，則就象山而言，朱
子以「太極」的介乎「有」「無」之間，及「無極」的不能以「有」「無」論
的形上問題，又如何透過其對「心」「性」的解釋來加以說明？而他說「心」
「性」只不過從不同的角度來看待同一個道德主體，但畢竟就道德主體而言，

〔註19〕見陳郁夫先生所著之《中國歷代思想家》，卷三十〈陸九淵〉。

角度互異往往代表著不同的範疇。例如象山的「道德主體」意涵內，就包含了形上實體的「存有」，以及活動的產生，存有與活動之間如何統一的問題，亦絕非以「心」等同於「性」一句話即能涵蓋的。因此「無極」及「支離與簡易」之爭所帶來的形上與方法上的問題，絕非僅透過二人「心」「性」論之差異即能完全解決的。

除此之外，勞思光先生亦於其所著之《中國哲學史》一書中，分別探討朱陸二人爭端，並以爲此二次爭辯問題中心，皆環繞著「心」之歧義。在論述「無極而太極」部分中，他表示：「朱氏的基本旨趣乃建立包含宇宙論與形上學的綜合系統。其『理』或『道體』取客體義，故是『存有義』非『自覺義』；『心』則是具經驗的『特殊』而非『普遍』，是『經驗主體』而非『超驗主體』。」他認爲即是因爲如此，朱子才須別立一「無極」來做爲超驗主體，做爲一不含任何現實、經驗義的形上根源存在。至於象山，則「所謂『心』乃含『超驗義』之主體實有，故『太極』作爲『理』與自覺心之普遍化本爲一事。」因此於其系統中並無須別立一超驗的存在者。而這二系統之不同，即在於「心」的認識的不同，「易簡與支離」的爭端，其本亦在於此。

勞先生對朱陸二人在「無極而太極」論點上的歧義，學生以爲有很好的發揮，將「無極」的肯定與否定視爲二人學說體系上的需求與否，更是十分透澈的。但學生以爲除了學說體系的不同之外，爭議背後更有著認知態度與著重方向的不同，這一點勞先生並未加以處理。是以學生將於第四章中針對朱陸二人認知系統的不同做更詳細的說明。

以上略述以「心」爲異同所在的諸位學者之見解，除此之外有些學者則視「博與約」、「尊德性與道問學」爲「支離與簡易」問題的延伸，並認爲其與「無極」之爭各具立場，無法找到根本上的共同差異。對此，學生將針對各個學者的論述內容加以分析。

錢穆先生在《朱子新學案》第三冊一書中認爲，朱陸「易簡與支離」之爭，並非有什麼學術立場上的爭議。他指出陽明《朱子晚年定論》雖不足以說明朱陸二人學說上之不同，卻指出了象山之論點，亦可在朱子學說中發現，是故就此點而言，此番爭論實不足以構成二家爭議所在。錢先生認爲，朱陸同異實在於「無極而太極」之爭。他首先自歷史外緣上指出，朱陸二人所宗人物之不同，乃是造成日後學術立場相異，難以調合之原因所在；接著他又自內容上指出，朱陸兩人歧見乃在於「心」學上。但錢先生並非從「心」與

「性」的定義上著手，而是從「心」與「理」的關係來說明之。〔註20〕

　　從其論述來看，錢先生以爲朱陸理論之異，乃在於朱子視「心」爲「理」「氣」之相依相合，而象山則直指「理」與「心」合。因此問題的癥結，在於對「理」的定義有所不同。然而就問題而言，首先，「易簡與支離」之爭，並非是指任何論點上之不同，而是對認知目標及程序的爭議，故有著方法及認知的歧異於內，對於這一點，錢先生沒有說明清楚。其次，就學生所知，不論是朱子或象山對「理」如何定義，都源於其對「心」的認知，是透過「心」的能知來類比「理」的，是以錢先生透過朱陸二人「理」的不同的角度爲文，亦無法做更深入地說明。

　　蔡仁厚先生於《宋明理學》一書中，對「易簡與支離」的看法與錢穆先生相同，認爲不足以爲朱陸異同所在。他曾表示：「朱陸異同的癥結，只在於『心性是否爲一』這個關節上。至於『博與約』、『易簡與支離』、『尊德性與道問學』等等問題，都可以加以疏通，而不足以構成兩家異同之眞正焦點。」但對於疏通方法，則蔡先生與錢先生乃是不同的。他認爲「易簡」乃是道德主體相應於乾坤而言，是指吾人可以透過「仁心」之自覺，上啓此一能使萬物生化之超越來源，成就一可大可久之價值創造，至於言「支離」則是指其「不相干」之意。是故蔡先生認爲此番爭論乃關乎是否能成就道德實踐的問題，至於爭論本身則並無牽涉到學術立場批評。但於《朱子語類》中，朱子卻對象山所言之「易簡」發表以下論點：「彼所謂易簡者，苟簡容易爾，全看得不仔細。乾以易知者，乾是至健之物，要做便做，直是易；坤是至順之物，順理而爲，無所不能，故曰簡，此言造化之理。至於可久，則賢人之業可大者，富有而無疆。易簡有幾多事在，豈容易苟簡之云乎。」由之可見，朱子雖被象山譏爲「支離事業」，視爲「不相干」於道德，但就朱子而言，象山言「易簡」亦有過份輕率，不足以說明「道德主體」的發揚之處。是故「支離與易簡」雖未直接涉及到學術立場的批評，卻是以雙方之學術立場爲背景所發之議論，透過這一句話可以看出朱陸對「道德主體」特性的不同期許，應自學說本身來探討之，絕不能以不相干來彌平此一爭議。

〔註20〕錢先生表示：「陸氏兄弟主心即理，主從內面推出……惟朱子深不喜理，只在心不在外之說，必求內外本末精粗顯微而一言之，此與二陸意見深所難合。」「雙方所持，乃心與理之問題。」「今專就朱陸異同言，則朱子之言理氣，與象山之言心即理，在理字看法上實有大分歧，此爲兩家學術異同一主要關鍵所在也。」

　　延續此一「不相干」的論點，蔡先生進一步指出，象山之「尊德性」乃相關於「道問學」的；至於朱子，則因學說「不相干」於道德實踐，故其「道問學」乃是採與「尊德性」無關之角度來言。蔡先生之所以持如此立場，乃是與其對「博與約」爭論所做之分析相關的。他表示：「象山則不先從讀書著手，而是先要『切己自反』，以『啓發人心』。人能直透到念慮萌發的本心之源處，自然就辨得是非，辨得利義。象山是要把讀書歸結到實理。事實上，實理實事不能以讀書為主，而是要通過人的道德主體之判斷體認，以表現為真實行為，才算是實理實事。」由這裡可以看出，蔡先生所持之立場，乃是期許所謂「道問學」亦須相應於道德實踐，與「尊德性」相合的，因此他認為所謂「博與約」、「尊德性與道問學」，基本上非單純的方法論問題，而是一「本末」的問題〔註21〕。也因此，他才會認為朱子的學術立場乃「不相應」於道德實踐。接著蔡先生進一步指出朱陸之所以有道德實踐之相應與否，乃在於朱子視「心」「性」為二個分處於「氣」「理」，形而下與形而上之不同層面上者；象山則是統合「心」「性」，視其皆為「理」之表現。此點與前述諸家所言相同，於此不再多述。

　　在學生反省的過程中，對蔡先生所言有一疑問產生，即蔡先生強調象山之合「心」「性」，乃是指「仁心」能自覺上溯至天地本源之乾坤，而後產生一價值來源而言。換句話說，此「心」之不須假以外力來達成其溯源至道德來源之可能，乃就「天地之性」、易簡之源內在落於主體上來說，故言其同於「性」。但若就發用而言，「心」的上溯本源與價值轉換過程，本身是一活動的結束，與「性」之純然不動，自本自根，有著截然不同的特色。象山自己亦承認「心」「性」乃是自二不同角度來言一件事，可見象山只是就道德實踐上之統一來言「心」「性」，至於「心」是否完全等同於「性」，則尚有待商榷。

　　至於朱子，其分析「心」「性」之不同，在次強調「心」為「氣」，「性」為「理」之不同。「氣」在此所表現的，是發用，是落實於形下之必須條件，

〔註21〕明儒黃梨史與吳草廬，對於朱陸異同所在，亦皆以為乃「道問學」與「尊德性」之別。黃梨史於《宋元學案》卷五十八，〈象山學案〉附錄中表示：「然而陸主乎尊德性，謂先立乎其大，則反身自誠，百川會歸矣。朱主乎道問學，謂物理即窮，則吾知自致，涵霧消融矣。」卷九十二中吳草廬亦言：「為學者言，朱子於道問學之功居多，而陸子以尊德性為主。問學不本於德性，則其蔽必偏於語言訓釋之末，故學者必以德性為本，庶幾得之。」

是存在可能的條件之一。《朱子語類》中即表示「理」須依於「氣」方得以存在，此存在即指現實而言，至於天命之「性」，則是指一形上根源而言，本身並未發用，故言其爲「理」。從此處來看，朱子是透過不同的範疇來定義「心」「性」，著重的是內在的一致性、聯貫性，而非外在的統一性。

由以上來看，象山對「心」「性」的討論，是有意避開範疇上之不同，而朱子則十分明顯地強調此不同，在定義的背後各有著不同的目的，甚或可以說是有著不同的認知角度，這一點並非是以「道問學」與「尊德性」的關係即可加以說明的。

論述異同的見解中，馮友蘭先生算是較爲特別的一位，馮先生於其所認爲鵝湖之爭與「無極」之辯的癥結所在，非在於「心」之不同，而是在於「理」的範疇的不同。他認爲朱陸二人所言之「心」，從二個角度來看，是完全一致的〔註22〕。首先，二者同爲掌知覺者；其次，同爲營思慮者，因此，由此二點來看，朱陸所言之「心」，實爲同一的。既然「心」的定義完全一樣，則一言「心即理」，一言「性即理」，二者即有根本上之不同，亦即在「理」的內容上，二人是完全不同的。接著馮先生即以時空觀加以說明之。他強調，象山所言之「理」僅在時空中之實在界，而朱子則有非在時空中與在時空中二者之別，是以二者所言之「理」有範疇上之不同，此乃異同的主要原因。但此種說法分析起來卻有其問題存在。

首先，馮先生對象山「心」的評論即有商量之餘地。他將文獻中對「心」的部分說明，做爲整體意義之來源，沒有觸及象山言「心」之成爲道德實踐主要關鍵的部分，只停留在經驗層面，視之爲單純之經驗主體。是以他認爲象山言「心」乃是就在時空中之實在界而言，並由此過渡到「心即理」，結論到象山言「理」亦只能限於時空中之實在界之「理」，此與象山學說實難相合，是完全忽視了象山所強調的道德本心。

其次，朱子所言之「理」有在時空與外時空之別，馮先生亦語焉不詳。蓋朱子原即強調「理」乃形而上的，形而下者則爲應用之諸德目，因此就理本身存在而言，雖有落於時空中實踐之可能，卻是已轉化爲各項殊別德目了，其本身則仍是不具顯之形而上存在者，如何能言其具時空與外時空之特性？因此馮先生雖嘗試以時空規範來區分二者之異同，學生以爲並不成功。

本章中學生嘗試將歷來學者對朱陸異同所提出之論點，做一整理與分

〔註22〕見馮友蘭先生所著之《中國哲學史》一書，頁940～941。

析，希望能找出一適切的解釋途徑。但不論是從持二家相同的觀點上、方法論上相異的觀點上、或是形上學上歧異之論點來看，皆有未能解決之處。因爲朱陸二人之歧出，雖可自許多方面來說明之，但皆環繞著一個主題，即道德實踐在整個學說中的重要性，及其如何獲致的問題。對於這一個論點，學生以爲乃是植根於二人認知系統的不同。因爲不論是認知主體的活動性質，認知歷程或認知對象，都是造成形上學、方法論甚或修養論上歧出之主要原因。因此從下章起，學生將嘗試分別自朱陸學說中建立出其認知體系，期望能在整個系統之中，找出造成二人歧異之所在，並以此重新分析朱陸爭議之眞諦。

第二章　朱子的認知哲學

第一節　認知學說在朱子學說中之重要性

　　朱子學說的整個結構十分龐大，舉凡有關認知、道德倫理，形上本體或是修身涵養等問題，都有十分詳盡的說明。在此中，無論討論任何問題，總以其「認知」主張為張本，且相互貫連。基於此，學生即嘗試地分別從涵養說、道德倫理觀及形上觀三方面入手，提出其中的立論基礎，藉以證明認知主張在朱子學說中的重要地位。

一、涵養說——知性與德性之整合

　　朱子學說中，有關「涵養」的說明，往往是與「窮理」相提並論的，兩者雖有意義上的不同，卻是同時出現，同時完成，不能單獨發展的。這種相互依存的關係，在《朱子語類》中，有著如下的記載：

> 思索義理，涵養本原。（見《朱子語類》，卷十二〈持守〉）

> 涵養中自有窮理工夫，窮其所養之理；窮理中自有涵養工夫，養其所窮之理，兩項都不相離。纔見成兩處，便不得。（見《朱子語類》，卷十二〈持守〉）

> 擇之問，且涵養去，久之自明。曰，亦須窮理，涵養、窮索，二者不可廢一，如車兩輪，如鳥兩翼。（見《朱子語類》，卷十二〈持守〉）

由以上論點可以看出，朱子以為「涵養」與「窮理」乃密不可分，互相影響的，這種依存關係的產生，學生以為即因二者有著內在的一致性。於此，說

明這種內在的一致性，首先必求得「涵養」一詞在朱子學說中的意義。

> 問，涵養於未發之初，令不善之端旋消，則易爲力，若發後，則難
> 制。曰，聖賢之論，正要就發處制，惟子思說，喜、怒、哀、樂，
> 未發謂之中，孔孟教人，多從發處說，未發時，固當涵養，不成發
> 後便都不管。……只是涵養於未發，而已發之失乃不能制，是有得
> 於靜而無得於動；只知制其已發，而未發時不能涵養，則是有得於
> 動，而無得於靜也。（見《朱子語類》，卷一一三〈訓門人〉）

朱子指出，不但要在「未發」、「靜」時涵養，在「已發」、「動」時，亦須涵
養。於此，朱子所謂的「未發」及「已發」，乃是針對「喜、怒、哀、樂」而
言，「喜、怒、哀、樂」的表現是「情」的發用，即所謂的「已發」，而「情
是性之發」（見《朱子語類》卷二），因此「未發」之際，即是指「心」尙未
活動時只具有「理」的狀態，亦即指「性」的存有。這種「未發」與「已發」
互相貫通的承繼關係，是透過「心統性情」爲立論基礎的，是「據性上說寂
然不動處是心，亦得；據情上說感而遂通處是心，亦得。」（見《朱子語類》
卷五）環繞著一「心」而言。這一點可以透過朱子所說的：「心有體用，未發
之前，是心之體；已發之際，乃心之用。」（見《朱子語類》卷五）得到證明。
因此，「未發」與「已發」是藉「心」而有著內在的一致性。由以上的說明可
以得知，朱子所謂的涵養，乃是以「心」爲對象所做的修養工夫。此外，由
於朱子指出：「聖賢千言萬語，只要人不失其本心」、「心若不存，一身便無所
主宰。」（見《朱子語類》，卷十二〈持守〉），因此也可以說，「涵養」乃指持
守「本心」的修養工夫，這種工夫的表現朱子即稱之爲「敬」：

> 程子曰，存養於未發之前則可。又曰，善觀者卻於已發之際觀之。
> 何也？曰，此持敬之功貫通乎動靜之際者也。（見《朱子語類》，卷
> 六十七〈程子養觀說〉）

> 敬，是涵養，操持不走作。（見《朱子語類》，卷十二〈持守〉）

> 人之心性，敬則常存，不敬則不存。（見《朱子語類》，卷十二〈持
> 守〉）

> 人能存得敬，則吾心湛然，天理粲然，無一分著力處，亦無一分不
> 著力處。（見《朱子語類》，卷十二〈持守〉）

朱子既已指出「涵養」乃是於「心」之「未發」及「已發」處做工夫，此處

又以「持敬」爲貫通「未發」及「已發」，因此「敬」是「涵養」工夫的表現，是持守「本心」的必備條件。對於「敬」朱子有如下之說明：

> 敬，莫把做一件事看，只是收拾自家精銳，專一在此。（見《朱子語類》，卷十二〈持守〉）

> 敬，只是去了許多怠慢。（見《朱子語類》，卷十二〈持守〉）

> 問，敬何以用工？曰，只是內無妄思，外無妄動。（見《朱子語類》，卷十二〈持守〉）

> 嘗謂敬字似甚字，恰與箇畏字相似。（見《朱子語類》，卷一一七〈訓門人〉）

> 心中若無一事時，便是敬。（見《朱子語類》，卷一一七〈訓門人〉）

無論是「畏」、是「專一」或是「內無妄思，外無妄動」，本都是空虛無物的虛靜工夫，不具任何內容的，故只能待「事」來成就其內容，而在處理「事」上的合宜表現，朱子即謂之「義」：

> 涵養須用敬，處事須是集義。（見《朱子語類》，卷十二〈持守〉）

> 敬，有死敬，有活敬，若只守著主一之敬，遇事不濟之以義，辨其是非，則不活。若熟後，敬便有義，義便有敬。（見《朱子語類》，卷十二〈持守〉）

> 方未有事時，只得說敬以直內，若事物之來，當辨別一箇是非，不成只管敬去，敬、義不是兩事。（見《朱子語類》，卷十二〈持守〉）

> 敬者，守於此而不易之謂義者，施於彼而合宜之謂。（見《朱子語類》，卷十二〈持守〉）

> 敬主乎中，義防於外，二者相夾持。（見《朱子語類》卷九十五）

由以上所引文句可以得知，朱子認爲「敬」的高度發揮必須和「義」相結合，以「義」爲「敬」內容。而「義」是指行爲的合宜，是在對「事」下一是非的判斷後所做的選擇表現，這種選擇性的行爲，除了要對事物本身有一確切的認識，明白其間的關係外，更重要的須對道德原則有所認知，以之爲選擇的準則。因此「義」的表現，基本上是以認知活動爲前題，而所謂認知活動，則是包括了事理的認知與道德原理的認知。由是，「敬」之以「義」爲其內容，實即指「涵養」之以認知活動爲內容，此即朱子言「敬，則萬理具在。」（見

《朱子語類》，卷十二〈持守〉），視修養與認知同時出現的立論基礎，亦即其每言「涵養」總與認知活動相提並論的原因。〔註1〕

二、道德倫理觀

儒家哲學一向重視個體與社會間互相依存的和諧關係，因此特別強調倫理道德的價值，不但將之植基於人性之中，更視其實現爲人格的最高完成。朱子亦不例外，他不但將道德植基於人心，且將道德的完成與具體行爲表現相結合。《朱子語類》中曾有這麼兩段話：

> 得之於心爲德。（見《朱子語類》卷六）

> 蓋存於中之謂德，見於事之謂行，易曰，君子以成德爲行。（見《朱子語類》卷九十七）

由以上所引文句可以得知，朱子雖視道德人格的成就表現於行爲之中，其基礎卻仍在於此「心」之中。於此，有一關鍵問題必須加以疏解，即所謂「得之於心爲德」之「得」到底意指著什麼？要明白這一點，又須透過「心」的定義來加以說明。

朱子在語類中曾指出：「知覺者，心之理也，能覺者，氣之靈也。」（見《朱子語類》卷五）又言：「理無心，則無著處。」（見「語類」卷五）「心，生道也，人有是心，斯具是形，以生惻隱之心。」（見《朱子語類》卷九十五）是以「心」的主要活動即是「知覺」的活動，而所謂的「知覺」活動，又是賦予「生道」的意義，以道德認知爲其最終目的，有著德性之知的涵意在內。透過這樣的理解，則所謂「得之於心」者，實即指德性之知，亦即對於道德法則的認知。有了這樣的認知之後，在遇到「事」時，方能據此分辨是非，決定行爲的方向，而就道德的可貴即在於具有一種價值選擇的意義下來看，此方可謂之「成德」。

然而朱子道德的進路，並非循思孟「仁覺心」的路線直接發展而來，在說明德性之知的獲得之前，尚強調有一事理的認知，他曾指出：

〔註1〕勞思光先生於其所著《中國哲學史》卷三中曾表示：「朱子『敬』乃貫通內外之工夫，爲格物致知之動力條件。」劉述先先生亦曾表示：「朱子追隨伊川所謂的涵養居敬，卻只是保持一常惺惺的態度，沒有確實的實質內容，所以必須另做窮理工夫——只不過兩下裡卻有一種互相應和的關係。」（見其所著之《朱子哲學思想的發展與完成》，頁121）因此學生言涵養與認知乃條件與內容之結合。

人入德處全在致知格物。（見《朱子語類》卷十五）

自初學者言之，他既未知此道理，則教他認何爲德，故必先令其學
文，既學文後，知得此道理了，方可教其進德。（見《朱子語類》卷
九十七）

這兩段話明顯地以「格物致知」做爲入德、進德的依據，強調知「理」與道
德行爲的密切關係。這種以事理認知爲德性之知前題的說法，可以透過朱子
討論《大學》的文字中理解。朱子表示：「格物致知便是要知得分明，誠意正
心修身，便是行得分明。」（見《朱子語類》卷十四）這裡指出了「格物」與
「致知」是行事合宜的前題，至於「格物」與「致知」兩者，雖同屬認知活
動，卻有不同的對象。「格物者，格，盡也，須是窮究事物之理。」（見《朱
子語類》卷十五）「格物」所指乃對物之理的認知，「致知乃本心之知。」（見
《朱子語類》卷十五）「致知」所指的是對活動主體的認知。而活動主體——
「心」又具有「生道」的意義，因此對此主體的認知實即對道德原理原則的
認知。據此，朱子對「格物」、「致知」一致性的認可，實即其以事理認知爲
道德認知前題思想的表現。而道德認知又是成德的前題，因此可以說，在朱
子學說中，道德行爲是與認知分不開的。這種見解同樣反映在朱子討論倫理
原則「善」的見解中。朱子表示：

在天地言，則善在先，性在後，是發出來，方生人物，發出來是善，
生箇人物是性。在人言，則性在先，善在後。（見《朱子語類》卷五）

所謂「在天地言，善在先，性在後」，是以本體論的角度而言，指的是存在的
邏輯次序，因此這裡所指的「善」並沒有認知的意味在內，而是本體論上一
切活動的來源。至於「在人言，則性在先，善在後」中所謂的「善」，則有別
於本體「善」，屬於認知上的「善」。

首先，就存在的邏輯次序而言，「善」先於「性」，因此「性」之中已預
設了「善」的存在，此即朱子所謂的「天命之謂性，即天命在人便無不善處。」
（見《朱子語類》卷十二）然而朱子又指出：「心得其正，方能知性之善。」
（見《朱子語類》卷十二）也就是說，「性善」必須透過「心」的活動才能得
知的。在這裡，「心」是指那能上溯至「本性」的良知良能，而此良知良能，
是在「心得其正」時方能顯出，因此只具有「應然性」，並不具有「實然性」。
是以朱子又言：「人之良知本所固有，然不能窮理者，只是足於已知已達，而
不能窮其未知未達。」（見《朱子語類》卷十八）這也就是說，惟有透過「窮

理」活動，才能使此良知具顯，上達至本性之處，方能理解本性之「善」，此亦即「認知善」的產生。

「本性善」本身只具有形式，沒有具體的內容，其下降於人性之中亦只是形式。「性」的存在現實，必須透過「心」的作用來加以完成，而「心」在朱子學說中是具良知良能的道德活動意義，能知善，能行善，因此透過「心」的活動來顯現「性善」的存在，實亦即透過「認知善」來彰顯「本性善」。於此，言「性善」，非透過「心」的「窮理」活動，使「性理」具現與之結合不可，否則以「性」之徒具形式，是無法自行存在而顯出「善」來。

三、形上觀

在朱子學說中，「太極」與「理」是其形上觀的兩個主要對象，他曾表示：

形而上者，無形無影，是此理，形而下者，有情有狀，是此器。（見《朱子語類》，卷九十五〈程子書〉）

凡有形有象者，皆器也，其所以爲是器之理者，則道也。（見《朱文公文集》，卷三十六〈答陸子靜書〉六）

故語道體之至極，則謂之太極，語太極之流行，則謂之道。（見《朱文公文集》，卷三十六〈答陸子靜書〉五）

由所引文句中可以明顯地看出，「理」是屬於形上範疇的，至於「太極」則指「道體」之至極，而「道」本身有別於形下之器，是器之「理」，屬於形上範疇，是以「太極」亦可斷定是朱子形上觀的對象之一。至此「太極」與「理」雖同屬形上層面，然而兩者仍具有不同的意義，朱子對此有如下之說明：

太極只是天地萬物之理。（見《朱子語類》卷一）

太極只是箇理。（見《朱子語類》卷九十四）

所謂太極，乃天地萬物本然之理，亙古亙今，顛撲不破者也。（見《朱文公文集》，卷三十六〈答陸子靜書〉六）

世間之物無不有理。（見《朱子語類》卷十五）

格物是物物上窮其至理。（見《朱子語類》卷十五）

由此可見，「理」在朱子的學說中有「殊別之理」與「共同之理」二重意思，當其爲「格物」的對象時，此「理」指的是萬物個別存在之理。至於「太極」，朱子雖亦言其「只是箇理」，但畢竟與「殊理」有所不同。從引文中得

知「太極」所具之「理」是涵括了天地萬物之理，然而外延愈大，則內涵相對的就愈小，因此「太極」不可能是合萬物各個殊別之理而成之量化的集合體，而是指所有「理」之統一體，是萬物的共同之理。是以當朱子的弟子問朱子「（太極）是天地萬物之理總名否」朱子特別指出「在天地言，則天地中有太極，在萬物言，則萬物中各有太極。」（見《朱子語類》卷一）強調「太極」在每個物中皆具有完整性，而非只有一部分，其意亦即要說明「太極」的統一性。

透過對「太極」與「理」的說明可以看出，雖然朱子沒有明顯意識出兩者間的確切區別，卻嘗試著以不同的外延來加以區分之。這樣的方法，實即為知識論的方法。而這種表現方法亦散見於朱子以下的言論之中：

> 以理言之，則無不全。（見《朱子語類》卷四）

> 以理言之，則不可謂之有，以物言之，則不可謂之無。（見《朱子語類》卷四）

> 太極只是理，理不可以動靜言。（見《朱子語類》卷四）

> 形而上者，無形無影，是此理，形而下者，有情有狀，是此器。（見《朱子語類》卷九十五）

從以上所引文句看來，朱子明顯意識到形上之「理」或「太極」，是「無形無影」，不可以物之「有」的角度來看待之。以現代的語辭來說即是，朱子很清楚的看出了形上範疇的只具有抽象形式義，而不能帶有任何物質色彩的特徵。同時，他亦指出，因不具有物質存在特性，因此不能用動靜來說明，只能以發用與運行來說明其展現，這一點更是深刻地表達出朱子對形上形下不同範疇的認知，能明顯地對形式與質料所司之職加以確認，絲毫沒有混亂之處。這種不自形上價值面的論述方法，是對概念的清楚而明確之認知的表達。

除此以外，朱子還曾說過「若理，則亙古常存，不復有聚散消長也。」（見《朱子語類》卷三）認為「理」是可以永遠存在，不隨時空而變異的，亦即不流於時空中，是超時空的，此亦是對形上範疇的說明。

由以上論述可以看出，朱子是運用知識論的方法來論述形上學的，尤其是其所言「理無不全」，對存在之共同根源所代表的全稱性概念的認知，更充分地表達出其論述之立場。

　　透過以上對涵養論、道德倫理學與形上學所做的大概敘述中，本文所要指出的是，不論是思想上的一致性，或方法上的運用，認知活動實貫串整部朱子學說，任何角度的論述，都會與之發生關係。由此可以看出認識論在其學說中居於何等重要的地位，因此若欲說明朱子學說之架構，則非對其認知活動有全盤的理解，此即學生下一節將要討論的。

第二節　朱子言認知心與認知的歷程

　　在前面一節中，學生已將朱子認知主張在整個學說中的重要性指了出來，本節學生將進一步針對其認知哲學做一完整的說明。首先，學生將指出認知的主體及其所具能力為何；其次，再針對朱子「格物、致知」的「窮理」過程在認知上的意義加以討論，並指出這樣的過程所具的意義及價值。以下依序說明之。

一、主體的認知活動——「認知心」的說明

　　在朱子學說中，人類的認知活動是被肯定的，他曾表示「物莫不有理，人莫不有知」（見《朱子語類》卷十五）因此人有認識能力是無庸置疑的。但這種認識能力其主體為何？對於這個問題，就必須自朱子學說中「心」與「性」二部分加以過濾方得明瞭。首先，在朱子學說中「性」與「心」已具有明顯的區分，「性」是就「太極」化生人物其本具之「理」言，是專言「理」的部分，指那未發用的狀態；「心」則屬於「氣」，具有一切活動之能力，為一經驗實然之「心」，與「理」的關係乃當具而非本具〔註2〕。在《朱子語類》中有許多例子足以說明之：

> 性，即理也。在心喚做性，在事喚做理。（見《朱子語類》卷五）

> 性是未動，情是已動。（見《朱子語類》卷五）

> 蓋主宰運用底，便是心。性便是會恁地做底理。性則一定在這裡，到主宰運用卻在心。（見《朱子語類》卷五）

> 性者，即天理也，萬物稟而受之，無一理之不具。心者，一身之主宰。（見《朱子語類》卷五）

〔註2〕見劉述先先生所著之《朱子哲學思想的發展與完成》一書，頁197、233～234。

> 伊川性即理也，橫渠心統性情二句顛撲不破。（見《朱子語類》卷五）

> 理無心，則無著落。（見《朱子語類》卷五）

透過以上所言，「性」只是指導「心」活動的原理，「非性，何以見理之所在。」（見《朱子語類》卷一〇〇），若是沒有這原理存在，「心」是無法加以活動的。因此，「性」是未動，與從天之法則規律面而言之「理」相同，僅具有形式的意義。這也就是說，在人的認知活動上，「性」只具有指導的意義，只是「潛能」，不能有任何認知動作的；同時，「性」既屬於「理」，本身沒有活動，其存在須待「心」來加以實現，因此亦是不具任何內容的〔註3〕。「性」既不是活動，本身又無內容，是以在討論認識主體時，「性」自然是不被考慮的。

　　相反於「性」的專指「理」言，「心」乃是「主於一身者」（見《朱子語類》卷十四），是「動靜皆主宰」，人類所有活動的產生，都是靠著「心」在那兒作用的。因此就活動而言，人之所以為人的特質，就在於此「心」。朱子即曾說過「人只一心為本」（見《朱子語類》卷十四）、「人只有箇心，若不降服得，做甚什麼人。」（見《朱子語類》卷十二）又說「聖賢千言萬語，只要人不失本心。」（見《朱子語類》卷二十二），言下之意，亦是將「心」視為人的特質，一身活動之主宰。於此已可確認，人類的一切活動是以「心」為主體而從事的，因此接下來，就是明瞭「心」的本質。首先言「心」之形上根源：

> 問，天地之心亦靈否？還只是漠然無為。曰，天地之心，不可道是不靈，但不如人恁地思慮。伊川曰，天地無心而成化，聖人有心而無為。（見《朱子語類》卷一）

> 某謂天地別無可當，只是一生物為心。一元之氣，運轉流通，略無停間，只是生出許多萬物而已（見《朱子語類》卷一）

> 問，普萬物，莫是以心周偏而無私否？曰，天地以此心普及萬物，人得之遂為人之心，物得之遂為物之心，草木禽獸之心。只是一箇天地之心爾。（見《朱子語類》卷一）

〔註3〕曾春海先生於〈朱陸心性論比觀〉一文中指出：「心不等於性。再者，心之靈處在其能行知覺、認知及意志作用，性只是純淨的靜態存有。能活動的是心不是性，性只不過是心活動時所當依循的當然法則。」明白表示出心性之互相隸屬的關係。

> 天地以生物爲心者也，而人物之生又各得夫天地之心以爲心者也。
> 故語心之德，雖其摠攝貫通，無所不備，然一言以蔽之，則曰仁而
> 已矣。（見《朱文公文集》，卷六十七〈仁説〉）

由此可得知，朱子乃透過天地的生化萬物來說明「天地之心」的，也可以說
「天地之心」是針對「太極」的發用運行而言的。此「心」不主思慮，只是
周流運轉充塞天地之間，雖無目的，卻能生出萬物來，是一合規律與目的活
動狀態。但這種活動狀態是要透過萬物的具體化來傳達的，亦即必須透過經
驗界加以認知的，然而自朱子言其爲萬物之「心」的統一體來看，一個包含
全體萬物之「心」的「天地之心」，是無法自經驗中認知的，因此可以確知，
此「天地之心」乃是自「可驗」類比而得之「先驗」條件，其存有與「理」
具有同樣的範疇，故爲「人心」活動之形上依據，是「心」的形上根源，亦
即人「心」能合「天理」與「物理」之先驗條件。

　　「天地之心」乃就活動主體的存有根源言，至於其具體展現，主宰人類
的一切活動時，朱子即以「心」稱之。此「心」在概念範疇上，有別於形
而上者之「天地之心」，強調在於人的形下活動。對於此「心」朱子有如下之
說明：

> 所覺者，心之理也。能覺者，氣之靈也。（見《朱子語類》卷五）

> 在天爲命，稟人爲性，既發爲情。此其脈理甚貫，仍更分明易曉。
> 惟心乃虛明洞徹，統前後而爲言耳。據性上說寂然不動處是心，亦
> 得，據情上說感而遂通處是心，亦得。（見《朱子語類》卷五）

「心」雖屬氣之靈者，主一身之活動，但其活動原則、規律，則是承「性」
而來；這也就是說「心」的發用，實即「性理」的發用。因此「心」之用就
其感而遂通而言，是指上通形上「性」，下逮形下之「情」，界於二者間的活
動狀態言：

> 心，生道也。人有是心，斯具是形以生惻隱之心。（見《朱子語類》
> 卷九十五）

> 伊川云：心，生道也。方云生道者，是本然也，所以生者也，曰是
> 人爲天地之心意。（見《朱子語類》卷九十五）

> 明德是自家心中具許多道理在這裡。（見《朱子語類》卷十四）

由「心生道也」可以瞭解，「道」在朱子的哲學系統中，乃指「認知之理」而

非「存有之理」，是「心」具體活動的結果。此外，朱子亦常言「心中具許多道理」，又說「所覺者，心之理也。」足見「心」的活動結果即對「知性之理」的獲致，是以「知性原理」為其認知對象。再者，「心」本身是屬於「氣之靈者」，非屬於形上範疇，因此這裡所指的「理」，亦只是當具，非「心」之本具，是求而得之者〔註4〕，故乃指認知之「理」，非存在之「理」。必須透過「心」發用活動之後才具有的，雖具有形式義，卻屬於悟性的範疇。換句話說，此「理」之存在，須經由「心」的活動，透過「悟性」直接或間接地自經驗界獲得的，與「存有之理」的不受「悟性」規範，具有在先性，是有所區別的。明白了上面的區分之後，始足以明瞭為何「心」屬於「氣」，只不過是「知覺」，其活動受著「理」的支配，卻又能「具眾理」、「包萬理」了。於此，學生所欲指出的是，透過「心」之發用而得之「理」，是與經驗界結合，雜於「氣」而可驗的，故此「心」之用，乃是向外之有目的性的活動，非單純的直觀或內省之「德性之知」的活動，此亦即「心」之「知性之知」能力之可能。

　　以上乃針對「心」的活動內容所做之探討，接下來再從「心」的活動性質來看「心」的認知方向：

　　　　問，心之發處是氣否？曰，也只是知覺。（見《朱子語類》卷五）

　　　　蓋主宰運用底，便是心。（見《朱子語類》卷五）

　　　　心若不存，身便無所主宰。（見《朱子語類》卷十二）

　　　　心得其正，方能知性之善。（見《朱子語類》卷十二）

　　　　天之賦於人物者，謂之命，人與物受之者，謂之性，主於一身者，謂之心。（見《朱子語類》卷十四）

　　　　蓋其原自此發見人只一心為本，存得此心於事物，方知有脈絡貫通處。（見《朱子語類》卷十四）

　　　　人心之靈莫不有知。（見《朱子語類》卷十四）

　　　　心與性自有分別，靈底是心，實底是性。靈便是那知覺底。（見《朱

〔註4〕劉述先先生指出：「在朱子的思想系統中，心具眾理，故也可以說道理本有，但必須用知才發得出來。」「理之在心，是認知地具、涵攝地具，不是孟子仁義內在之本具。」（見其所著之《朱子哲學思想的發展與完成》，頁238～246）

子語類》卷十六）

蓋人心之靈，莫不有知。（見《大學格致補傳》）

由是可知，朱子雖以「知覺」釋心，卻又視之為人之特質，故自非指其同於萬物生存之自然屬性，而是指其異於萬物之社會屬性。因此「知覺」自不能指單純的耳目鼻口的官能運作，而是有別於外感官需求的內感官作用。《朱子語類》卷十五中朱子嘗言：「知與意皆從心出來，知則主於別識，意則主於營為。」從其言「別識」來看，此乃一種識別作用，含有認知的意味於內；從「營為」面來看，亦須經過認識作用後，方能下判斷、定方向。因此就「心」的發用性質來看，無論「知」或「意」，皆含有「知性之知」，從而透過這種認知，體認到「知性原理」之自存，才能對具體人生價值有一確切的掌握，此亦即「德性之知」，亦即朱子言「心，生道也」的意義所在。於此，方足以說明為何朱子弟子問「心」生之「道」是否為「天」之「道」時，朱子答以「全然做天底也不得，蓋理只是一箇渾然底，人與天地渾然無間。」而不以之全然同於「生性原理」的原因所在。

由以上得知，「心」之發用並非單純的對經驗界的認知行為，而是同時亦具有道德的認知能力。也就是說，朱子不但視「知性之知」下對經驗界的認知為「心」的作用，同時亦將「德性之知」視為透過「知性之知」可以獲得者，這種觀點，使得道德行為在「本心」當然具有的預設外，與外在世界有了內在的一致性，可以說是對於道德的社會意義有了更深刻的體認。

二、認知歷程的說明

本文曾於前段對「心」的認知作用做了一番說明，指出朱子所謂的「認知」乃包括了經驗的認知及道德的認知。但朱子又曾表示過「萬事皆在窮理後」（見《朱子語類》卷九）、「致知格物是窮此理」（見《朱子語類》卷十五），因此在認知次序上，應以經驗的認知為基礎，然後才有道德的認知。以下即就其認識過程加以說明。

朱子曾表示：「大學之書，古之大學所以教人之法也。」（見《朱文公文集》，卷七十六〈大學章句序〉）、「學問須以大學為先。」（見《朱子語類》卷十五）、「某要人先讀大學以定其規模。」（見《朱子語類》卷十五）由此可以知道，《大學》所論為學次第，是朱子所認可的一個學習過程，此亦即格物、致知、誠意、正心、修身、齊家、治國、平天下的過程。但根據《朱子語類》

卷十五〈經下〉所言「致知、格物是窮此理，誠意、正心、修身是體此理，齊家、治國、平天下是推此理。」可以知道，關乎認知的過程，只在「格物」、「致知」二項，至「誠意」，則因其乃「惡與善之關」（見《朱子語類》卷十五）、是「痛加剪落」（見《朱子語類》卷十五），已超過道德認知的範圍，側重於主體的自我肯定，因此「誠意、正心、修身便是要行得分明。」（見《朱子語類》卷十四），是關乎主體修養；而齊家、治國、平天下，則完全是道德行為的向外推展。是故自「誠意」以下皆超出了本文討論之範圍，於此將不做考慮。基於以上的認知，在討論「認知的歷程」時，當僅止於「格物」、「致知」此二部分的探討，而不涉及以下過程。

（一）「格物」的說明

欲論及朱子「格物」之意，首先得從其〈格致補傳著手〉，其全文如下：

> 所謂致知在格物者，言欲致吾之知，在即物而窮其理也。蓋人心之靈，莫不有知；而天下之物，莫不有理，惟於理有未窮，故其知有不盡也。是以大學始教，必使學者即凡天下之物，莫不因其已知之理而益窮之，以求至乎其極。至於用力之久，而一旦豁然貫通焉，則眾物之表裡精粗無不到，而吾心之全體大用無不明矣。此謂格物，此謂知之至也。

由全文可以窺知，「格物」的目的在「即物而窮其理」，是對「物理」的尋求過程而「物」則是「眼前凡所應接底，都是物」（見《朱子語類》卷十四）。於此可以確定，不論「物」所指為何，「格物」是一對經驗界的認知動作，是對客觀世界的認知。對於「格物」，朱子有十分詳盡的說明，而這些片斷的說明，又可以分別從「格」與「物」二者加以探討，此處先從其「能格」著手：

> 大學須自格物入，格物從敬入。（見《朱子語類》卷十四）
>
> 格物者，知之始也。（見《朱子語類》卷十五）
>
> 事事物物皆有箇道理，窮得十分盡，方是格物。（見《朱子語類》卷一二一）
>
> 格物二字最好，物，謂事物也。（見《朱子語類》卷十五）
>
> 格物致知便是要知得分明。（見《朱子語類》卷十四）
>
> 格物者，格，盡也，須是窮盡事物之理。（見《朱子語類》卷十五）

格物，格，猶至也。（見《朱子語類》卷十五）

格物便是下手處。（見《朱子語類》卷十五）

格物須眞見得決定如此。（見《朱子語類》卷十五）

格物是逐物格將去。（見《朱子語類》卷十五）

格物是物物上窮其理……格物是零細說。（見《朱子語類》卷十五）

格物以理言也。（見《朱子語類》卷十五）

所謂格物，只是眼前處置事物，酌其輕重，究極其當處，便是。（見《朱子語類》卷十五）

從「格」的定義中，我們先來確定「格物」活動的性質。由「知得分明」一句，可以確知的，是「格」者乃一「知」的活動，這種認知活動因其乃「盡物之理」、「究極其當處」的，因此可以知道是先預設了「物」的存在。換句話說，亦即已有了一確立了的具體對象在那兒，然後吾人再針對此對象之所以爲此的原因，產生了「認知」的作用。於此，這種認知因只限於個別的對象（如「逐物格將去」、「零細說」），同時又是「理會箇是處」，因此可以說是對物的殊別性的認知作用。此外，這種認知限於「理」的認知，而非自然屬性的認知，因此可以說，所謂的「格物」活動，乃是對事物「殊別概念」的認知活動。

接著從所格對象——「物」的性質來說明：

格物須是從切己處理會去。（見《朱子語類》卷十五）

格物是就物而言。（見《朱子語類》卷十五）

格物者，如言性，則當推其如何謂之性。如言心，則當推其如何謂之心，只此便是格物。（見《朱子語類》卷十五）

如讀經看史，應接事物、理會箇是處，皆是格物。（見《朱子語類》卷十五）

聖人只說格物二字，便是要人就事物上理會。且自一念之微，以至事事物物。（見《朱子語類》卷十五）

格物不獨是仁孝慈敬信五者，此只是大約說耳。且如說父子，須更有母在，更有夫婦在，凡萬事萬物之理，皆要窮，但窮到底無復餘

蘊，方是格物。（見《朱子語類》卷十五）

格物只是理會未理會底。（見《朱子語類》卷十八）

朱子對「物」所下的範圍很廣，凡日常生活中所能接觸到、感受到的，都可包含於內。於是這裡面就包括了自然界的「物」、應接的「事物」，與所謂的「一念之微」。這些不同之「物」，在層次上乃是有所不同的。首先言自然界之「物」。

朱子常提及一草一木乃至禽獸，皆有其可認識處，而草木禽獸乃屬於自然界的「生物」，因此所「格」的對象可以說是包括整個自然界。然而正如本文前段學生所言，因朱子以「格物」為窮「理」，因此這種對自然界之認知，不可能是針對自然物之物質性的殊別所做的活動，而是在其自然屬性之外加以別求，這也就是一般批評朱子雖言「格物」，卻非基於一科學認知的原因。至於所求之「理」是屬於何種性質？牽涉到什麼樣的認知活動？待對另外二種性質的「理」探討過後再加以處理之。

其次討論朱子所謂的「事理」。「事理」的範圍很廣，由前面所引的幾段文句中可以得知，舉凡人類的社會屬性，皆可包含於內。由其自讀經看史等閱讀中求「理」來看，這是一種抽象的理解作用；而自應事接物中求「理」，則顯出在理解作用中，有著關係的認定作用於內。因此既言應事接物之「理」，在認知上就必須先有「事件」做為前題，刺激下一「事件」的發生，方有所謂的「應」、「接」可言，然而認知「事件」本身乃獨立的，只是單純的個別存在，是我們賦予其間一關係意義，給予一先後次序，其間方有先後之相屬關係，這種「關係」的認定，亦即所謂的「事理」。如前所舉「知父子，須更有母在，更有夫婦在」，這種由父子關係而知母、夫婦關係，即是藉著理智作用將認知範圍加以擴大了。因此從「事理」的角度來看，在「格物」的認知活動中，不但具有抽象的理解作用，同時透過關係的認定此一反映，顯示出這種理解作用已非單純的概念認知，亦即非單純的分析作用，而是進入綜合作用的過程，能在賦予事物一新的關係與次序中，擴充了概念原有之內涵。

最後，再從其所謂「一念之微」來看。「一念之微」所指乃一種不經理智反省，直接呈現出來的心理意識。於此，「念」之內容，僅就其性質言，雖有別於對外的認識，是對主體之認識，但所謂「一念之微」已是可感的了。是屬於心理的自然活動，因此決不可能屬於「未發」之形上特質，而應是「它

發」之動作，是故「一念之微」的認知，仍是對經驗層面的認知，不是對「主體」的認識，因此不含道德認知於其中。

綜合以上對「格」與「物」二者所做的整理，可以確定的是，「格物」乃一經驗認知的活動，也就是對經驗界活動的認知過程，這種認知活動的本質，是結合「分析」與「綜合」二種過程的。換句話說，在朱子對「格物」的定義下，已確立了對「概念」的認識，同時在「概念」與「概念」間亦產生了關係的認知，使得在對「概念」本身內涵的認知之外，又加上了其他不限於「概念」的特質，擴充了「概念」的內容。在這裡，朱子學說有一基本上的缺陷，這個缺陷在於朱子預設了「概念」的產生是在認知活動之前，他將「概念」與「質料」視為同一層次，因此使得他對事物的認識，往返流於對代表此一事物的「概念」的認識。然而事物本身與「概念」是截然不同的，一是「質料」義，一是「形式」義，跳過了對「質料」的認知而直接認知「形式」，在經驗上是不可能的，這可能是導源於朱子將「存有」的在先性與認知的在先性混同的原因。也因此朱子常將對自然屬性的認知，歸於社會屬性的認知，其原因亦在此。

（二）「致知」的說明

朱子學說中認知之始雖在於「格物」，但重心卻在「致知」一關，在本文第一章中學生曾指出，象山以「支離」指朱子學說與道德「不相干」之原因，乃就朱子學說是由外在認知轉換至道德認知而言。認為其無法達到德性之知。這一轉換過程，學生以為其關鍵就在「致知」活動。因為「致知」活動已非純粹的經驗對象的認知，而是具有道德認知的特質，因此欲解決道德轉換的問題，就該從「致知」著手。於此，先參考朱子有關「致知」的文獻：

> 人心之靈莫不有知，所以不知者，但氣稟有偏，故知之有不能盡。
> 所謂致知者，教他展開使盡。（見《朱子語類》卷十四）
>
> 致知，所以求為真知，真知，是要徹骨都見得透。（見《朱子語類》卷十五）
>
> 致知乃本心之知。（見《朱子語類》卷十五）
>
> 知至是知得也。（見《朱子語類》卷十五）
>
> 致知是吾心無所不知……致知是全體說。（見《朱子語類》卷十五）

致知是以心言也。（見《朱子語類》卷十五）

致知是自我而言。（見《朱子語類》卷十五）

知至便是此心透徹。（見《朱子語類》卷十五）

從以上文獻可以得知，朱子講「格物」「致知」皆屬心知活動，只是針對不同的對象予以強調，二者並無截然的區分。「格物」是強調對經驗界「理」的認知，因此從「理」的各種性質中，才能窺見此種認知活動的性質；「致知」則是強調對主體本質的自省活動，強調此「心」在我之活動，因此必須自活動本身來瞭解其性質：

人莫不有知，但不能致其知耳，致其知者，自裡面看出，推到無窮盡處，自外面看入來，推到無去處，方始得。（見《朱子語類》卷十五）

致知則理在物，而推吾之知以知之也。知至則理在物，而吾心之知已得其極也。（見《朱子語類》卷十六）

首先，「致知」活動可以分為兩個步驟，一是「自外面看入」的認知活動，另一則是「自裡面看出」的推廣活動。所謂的「自外看入」，其實乃是承繼「格物」活動而來，是強調其與「自內看出」活動的先後次序性，說明一切認知活動皆須始於對經驗界的認知。是以「致知在格物」這句話非常重要，它肯定了知識的客觀性，世界的真實性，由這個真實性再導向內心世界明德本體的真實性，與完整性，此即「從裡面看出」〔註5〕。至於「從裡面看出」面牽涉較廣，已非純粹的經驗認知活動此一理解，必須透過以下文獻方足以明瞭：

問，致知莫只是致察否。曰，如讀書而求其義，處事而求其當，接物存心，察其是非邪正，皆是也。（見《朱子語類》卷十五）

致知則是推得漸廣。（見《朱子語類》卷十五）

致知乃夢與覺之關。（見《朱子語類》卷十五）

知之者切，然後貫通得誠意底意思，如程先生所謂真知者是也。（見《朱子語類》卷一一七）

深自省察，以致其知。（見《朱子語類》卷十五）

〔註 5〕見成中英先生所著之〈論陽明「朱子晚年定論」與「大學問」所涵攝的知識問題——兼論朱子「理」的創見〉（收錄於東吳大學哲學系《傳習錄》第二期）。

> 知主於別識……知近性近體。(見《朱子語類》卷十五)

> 廣而充之,便是致字意思。(見《朱子語類》卷十六)

> 能致其知,則思自然明,至於久而後有覺,是積累之多,自有簡覺悟時節,勉強學問,所以致其知也。(見《朱子語類》卷十八)

> 大學所課知主意誠者,必須知至,然後能誠其意也。(見《朱子語類》卷一一七)

由是朱子所謂的「從裡面推出」,其實即是其「推得漸廣、推及天下」思想的說明。而說明所謂「廣而充之」的意義,又必須先從朱子兩句話著手,即「思索義理,涵養本源」。這句話顯示出,朱子認爲理智與修養兩種性質不同的活動,是一而二,二而一的;換句話說,二者乃同時出現,相互依存的。學生以爲這兩種活動的統一,就在「致知」此一關鍵,唯有透過「致知」,「思索」與「涵養」彼此才能搭上關係。在「格物」部分學生曾指出,彼階段乃是純粹的對經驗界概念的認知,並不含任何道德認知,「致知」活動既承此來,則必以此種概念認知爲前題。同時,因爲不言自然屬性的認知,而直言「形式」認知,又言「物理即道理」,將知性認知與德性認知混同,由此可知朱子用心在以「物理」做爲求「道理」的基礎。換句話說,格物理即在求一旦貫通而至道德之理,而「致知」的第一義亦乃察識此「心」,反省此「心」之義理精微,而不只是認識此「心」之知覺行爲而已。〔註6〕

其次,朱子又指出,「知」乃「近性近體」,而「性體」乃屬於「存有」,不涉及任何經驗活動,本身只是具有指導「心」之活動的意義,而「心」之認知活動在受限於「性體」的條件下,亦無法以另一種超出此種限制之客觀的立場來認識它,因此對「性體」的認知,亦已超越經驗的認知,而是對「主體」的自我觀照,不能以知性之知來說明,是故朱子稱之爲「省察」的工夫。學生以爲,這種對本身活動原理的認知,亦即所謂的「直觀」活動,而朱子所謂之「夢與覺」,其關鍵亦在於能否直觀上。於此,對經驗世界的認知活動,可以說是直觀前之準備活動,而「理」的認知亦可言爲「心」本身認知功能的發現,是故認識世界的「理」也是認識所謂「貫通吾心之全體大用」,也是「心」本身的一種實現,學者肯定亦即「知性之知」與「德性之知」之間有一種內在的相互發明,相互照應關係。因而在朱子學說中,通向本性的道路,

---

〔註6〕見孫師振青所著之《宋明理學》一書,頁324~325。

一定涉及知識辯證性的發展過程〔註7〕。換句話說，當透過「知性之知」而產生的直觀活動實現，人們能體悟到那左右「心」的活動的指導原理時，原有的認知活動找到了其依據，這個原理依據即是「性」；「性」是人之所以爲人有別於萬物之當然依據，是故一切的認知作用皆出於人自身主宰，只要能正視此主宰性，依據此原理行事，不受外界的牽引，即可發揚人之所以爲人特色，此即「意義」的獲得，亦即道德認知的產生。這也是透過「致知」之後，方能求義求當，察是非邪正之原因所在。同時，這種道德認知因以人之共同根源——「性」爲關鍵，因此具有「公理」的效用，此亦即「致知」活動能推及天下的原因。於此，以朱子所言之「外無不周、內無不具」（見《朱子語類》卷十五）最能表達「致知」的「自裡面看出」的意義：所謂「內無不具，向內求親親長長之理」，正代表著由「致知」獲得道德認知；而「外無不周」則代表此一種德性認知的「公理」特性，能普遍行於天下之義。此實爲「致知」一義最佳之說明。

最後，學生欲對「覺」之一義加以說明。由前文可以得知，以朱子的立場來看，所謂「覺」是無法只靠反省及自我涵養獲致的，而是必須藉著不斷對經驗界加以認知的過程，使這種活動達到一定的成熟度時，方能進入「直觀」，達到這種思維本身的「原理」，此亦即朱子強調一物一物去格自能貫通的原因。學生以爲這裡具有一個很重大的意義，那就是內在的「直觀」活動，與對經驗界的認知活動結合，代表德性之知不再局限於完全內在的活動，而與外在發生了關係，與知性之知相結合，從而具有社會性，這種影響是更切合社會的發展的。不同的時空往往會產生不同的社會道德，其本雖皆在於善惡的分辨活動，但決定善惡的標準卻隨著社會的變遷而改變，因此往往使人對於道德的內在原則與外在行事之關係產生疑慮，透過朱子對「致知」的論述，學生以爲當可對其間的一致性加以說明。雖然朱子論「致知」時不致明顯意識到道德原則與社會的關係，但其將道德之「覺」奠基於對物理的認知，實於道德認知上前進了一大步，對道德的社會性有了更深刻的體認。

三、對朱子認知的客觀性說明

前一節文中，學生已對認知活動的主體與過程加以闡述過了，本節即針對於此，探討一下朱子認知學說的客觀性。

〔註 7〕 同註5。

在「格物」「致知」的說明中可以得知，朱子對「物理」的追求是限於對經驗「概念」的認知，跳過了物質性的材料部分，直接對「形式」部分加以訴求的活動。因此基本上，對「概念」「形式」的認知並沒有透過對「物質」義的認知而產生，是預設了其與物質屬於同一個層次。但實際上，「概念」乃是人類思想構作而成的，屬於人類認知活動的基本構造，而非經驗界的任何對象，換句話說，亦即屬於主體認知活動之一，這種活動如不能透過經驗界的物質對象而產生，就將只限於主體內部的活動。是故朱子的一切認知活動雖仍以外在經驗界爲出發點，然其認知對象的產生，卻是完全在於主體的自行構作，並非眞實地透過經驗物質而產生的。這一點可以自朱子將「物理」與「道理」視爲同一，又喜以「仁義」等社會屬性附會於虎狼蜂蟻的自然屬性的言論中得知。同時，若就朱子的認知過程來看，「物理」亦只能說在認知上與「道理」具有內在的聯貫性，不可直言二者同一，因此就其言「認知」過程與性質來看，朱子學說中對經驗界的認識亦是相當主觀，相當主體化的。

此外，朱子文獻中有二段說明「認知心」特質的話，亦可證明其認知的主體性色彩：

> 德元問，何謂妙眾理。曰，大凡道理，皆是我自有之物，非從外得。所謂知者，便只是知得我底道理，非是以我之知去知彼道理也。道理固本有，用知方發得出來，若無知，道理從何而見，所以謂之妙。（見《朱子語類》卷一上）

> 夫心者，人之所以主乎身者也，一而不二者也，爲主而不爲客者也，命物而不命於物者也，故以心觀物，物之理得。（見《朱文公文集》，卷六十七〈觀心說〉）

朱子一方面講一物皆有一物底道理，另一方面又講道理皆人自存，看似矛盾，其實是站在不同立場。前者乃對經驗界存在的肯定，後者則是自認知的主體性而言，兩者在於著眼點上之不同。朱子在認知上強調了「理」的自存於人，顯示所謂的「理」，已非萬物「存在」的，而是人類透過認知原理構作之「理」，因爲朱子曾言「在人爲性，在物爲理」，就「存在」而言，「性」與「理」分別代著不同的「存在主體」，其本源雖同爲「太極」，但畢竟發用出來則具有了殊別性，朱子卻說「道理」同於「物理」，因此絕非指存在上萬物殊別之理。因此可知，朱子強調的知性之知，其產生與自然屬性並沒有直接的關係，自

然屬性只是刺激著認知，而不參與認知內容的產生。因此「觀心說」中雖言「以心觀物、物之理得」，但學生以為重要的乃是其上一句「命物而不命於物者也」，是心決定了認知物的性質，而非認知物來左右心的認識。是以雖然朱子強調「格物」、「致知」的認知過程，對德性之知與知性之知的內在一致性有所體悟，但其整個認知內容仍不脫主體性，這也就是一般批評其「不足以構成科學性的認知」之原因。

第三章　象山的認知哲學

第一節　象山學說主旨

　　象山思想路線是直承孟子之「仁覺心」加以發展，故其學說重心，端在於闡揚人心之內在自主性，視一切思想與行爲表現，皆在此「心」的規範之下，他曾明白表示：

　　　　不專論事論末，專就心上說。(見《象山全集》，卷三十五〈語錄〉)

然而「心」雖司職著念慮與行止，是人類一切活動的根源，象山卻以爲天既生人以此心，必有其足以貴者，這種價值不在於人之同於「物」的活動表現，而在於道德「善」之存在於此「心」。

　　　　人共生乎天地之間，無非同氣，抉其善而沮其惡，義所以然。(見《象
　　　　山全集》，卷三十五〈語錄〉)

是以象山強調「心」，並非從現實存在的角度而言，亦即非從實然的角度來說明，而是自其當然面來討論，探討道德心之主宰性與固有性，並以此具道德義的「心」爲人之所以爲人之本。

　　　　吾之教人，大概使其本常重，不爲末所累。(見《象山全集》，卷三
　　　　十四〈語錄〉)

因爲以求其「本」爲最重要之處，是以所謂的學習與學道，其目的皆在於此道德主體的發現〔註1〕，在於「善」之求得與是非邪正之分辨。並以見及此

────────────

〔註1〕馮友蘭先生於《中國哲學史》一書中即曾表示：「象山全部學問，要在於『先立乎其大者』，即先知道即吾心，吾心即道，道外無事，事外無道。

「善」爲識見的最高境界,是爲能盡:

> 老子爲學爲道之說非是,如某說,只云,著是而去非,捨邪而適正。
> （見《象山全集》,卷三十五〈語錄〉）

> 見到孟子道性善處,方是見得盡。(見《象山全集》,卷三十四〈語錄〉)

然而象山雖言「先立乎其大者」,強調道德主體的追求,此「心」之主體性與道德性,但他亦曾表示:

> 束書不觀,游談無根。(見《象山全集》,卷三十四〈語錄〉)

> 聖人教人,只是就人日用處開端。(見《象山全集》,卷三十五〈語錄〉)

是以象山只是在現實的人心中,強調其「應然」的道德性,並非全然否定道德行爲以外的一切活動。由於對現實活動存在的認可,是以在對「應然」規律的訴求過程中,仍是自日常生活著手,從一切的社會屬性活動中分辨出「實然」與「應然」之區別,藉此突出「應然」規律及其價值意義。這種分辨的行爲,即是所謂的「義利之辨」:

> 傅子淵自此歸其家,陳正己問之曰,陸先生教人何先,對曰,辨志。
> 正己復問曰,何辨,對曰,義利之辨,若子淵之對,可謂切要。(見《象山全集》,卷三十四〈語錄〉)

「義利之辨」即是象山「復其本心」學說中的重點,是他認知意義的所在,是以象山的認知學說,可以說是對道德認知的強調。

第二節　對象山認知主體的說明

在前一節中,學生已指出象山學說之重心,在於彰顯出道德主體的自發與自主性,是以其有關認識之論說,亦環繞著「心」的道德認知來說明。本節之重點,即針對此一認知主體──「心」來加以探討。

象山因爲不否認在事實上人類有著各種不屬於道德的行爲,是以主宰一切活動的「心」的性質,亦非僅限於種種的道德活動,而是具備了一切的欲求情感、道德要求,及善與惡的綜合體。首先,他指出「心」的活動表現,即在於思慮。他說:「孟子曰:心之官則思,思則得之,不思則不得也。」(見《象山全集》,卷一一〈與李宰書〉二)這裡所謂的「思」,並非全然指理智

的思考活動，而是包括了「情」與「才」的範圍，是將情緒的表現、欲望的追求，以及能力的高下都含括於內。但這裡所謂的欲望，並非是基於維持生命的基本需要而產生的欲求，而是指超出生存必需以外之欲望，是社會屬性的表現。透過以下所引文句，象山對於「心」的這種見解，可以很明顯地看出：

> 古人通體，純是道義，後世賢者，處心處事，亦非盡無禮義，特其心先主乎利害，而以禮義行之耳。後世所以大異於古人者，正在於此，古人理會利害，便是禮義，後世理會禮義，卻只是利害。(見《象山全集》，卷三十四〈語錄〉)

> 且如情性心才，都只是一般事物，言偶不同耳。(見《象山全集》，卷三十五〈語錄〉)

「心」不但能主禮義，亦有主於利害的一面；有屬於「性」之當然義的一面，亦有屬於「情」、「才」等實然存在面。是以「心」之活動乃含有正、反兩面的，亦可言是兼含「理」與「欲」的。基於此，象山曾對《禮記》一書將「天理」與「人欲」分屬於天與人二厥的見解深表不滿。他指出：

> 謂人欲天理，非是，人亦有善有惡，天亦有善有惡，豈可以善皆歸之天，惡皆歸之人。(見《象山全集》，卷三十五〈語錄〉)

> 天理人欲之分，論極有病，自禮記有此言，而後人襲之。記曰，人生而靜，天之性也，感於物而動，性之欲也，若是則動亦是，靜亦是，豈有天理物欲之分，若不是，則靜亦不是，豈有動靜之間哉。(見《象山全集》，卷三十五〈語錄〉)

同時，因為視天理人欲都產生於一心，是以司職此二社會屬性之產生的思慮行為，即有所謂的正與不正之分，而所謂的不正，實即對外物的過分追求，忽略了本心之主宰性，因此放棄了內在的主動性，受外物之牽引而動。這種情形即象山所謂之：

> 念慮之正不正，在頃刻之間。念慮之不正者，頃刻而知之，即可以正；念慮之正者，頃刻而失之，即是不正。此事皆任其心。(見《象山全集》，卷二十二〈雜說〉)

> 義理之在人心，實天之所與，而不可泯滅焉者也。彼其受蔽於物，而至於悖理違義，蓋亦弗思焉耳。誠能反而思之，則是非取舍，蓋

　　　　有隱然而動，判然而明，決然而疑者矣。（見《象山全集》，卷二十
　　　　二〈思則得之〉）

由此可知「心」的具體活動在於「思慮」，也可以說「心」乃是思考活動的主
體。但由於思慮活動的重心不同，有偏重於自身之自主性者，有緣於外物之
牽引者，是以其結果亦有善惡之殊別。因爲「心」有爲善爲惡之可能，而其
原因皆在於能不能自爲主宰，因此象山學說之重點，即在於對義理所出之
「心」的主宰性加以發揚，而不在於對外世界的探求，此亦即象山對「思」
的期許，也是爲什麼象山常言「尊德性，焉有所謂道問學。」（見《象山全集》
卷三十四）的原因所在。

一、仁義之心

　　象山既以德性認知爲其學說之目的，強調道德的內在主體性，是以其認
知主體不在於包含情、才及利害之部分，而是指能「反而思之」的道德認知
部分，此亦即象山所謂「主乎仁義」的仁義之心〔註2〕。他指出：

　　　　學苟知本，六經皆我註腳。（見《象山全集》，卷三十四〈語錄〉）

　　　　六經註我，我註六經。（見《象山全集》，卷三十四〈語錄〉）

六經自漢以來，皆立學於太學，乃歷代朝廷所正定之官學，其目的在於藉著
對經綸規範的學習，俾導人朝向仁義之道，然若果能體會到此仁義之，其本
端在乎人心之「正」者，則六經殆不過是一佐證資料罷了。因此象山以爲「仁
義之心」就其存在之可能性而言，並非如同念慮之心的實然存在一般，乃是
一當然的存在，必須加以體認方能展現。有關此「心」存在之當然性，象山
有如下之論述：

　　　　人皆可以爲堯舜，堯舜與人同耳，但恐不能爲堯舜之大也。（見《象
　　　　山全集》，卷三十四〈語錄〉）

　　　　人皆可以爲堯舜，此性此道，與堯舜元不異。皆可以爲堯舜，（見《象
　　　　山全集》，卷三十五）

　　　　心只是一個心，某之心，吾友之心，上而千百載聖賢之心，下而千
　　　　百載復有一聖賢，其心亦只是如此。（見《象山全集》，卷三十五

〔註2〕勞思光先生在《中國哲學史》第二卷中曾表示：「心乃指本心，具價值自覺義，
　　　　能立價值標準，能爲一切價值詞語意義之根源者，不可當作經驗事實看，是
　　　　取超驗意義之自覺能力來講心，故象山之心乃可涵蓋萬有。」

〈語錄〉）

故仁義者，人之本心也，孟子曰，存乎人者，豈無仁義之心哉：又曰，我固有之，非由外鑠我也，愚不肖者不及焉，則蔽於物欲，而失其本心。賢者智者過之，則蔽於意見，而失其本心。（見《象山全集》，卷一〈與趙監書〉一）

故正理在人心，乃所謂固有，易而易知，簡而易從，初非甚高難行之事，然自失正者言之，必由正學，以克其私，而後吾言也。（見《象山全集》，卷十一〈與李宰書〉二）

雖田畝之人，良心之不泯，發見於事親從兄，應事接物之際，亦固有與聖人同者，指其同者而言之，則不容強異。（見《象山全集》，卷二十二〈雜說〉）

象山在這裡指出「本心」，亦即「仁義之心」，原是人所固有者，本與堯舜相同，非由外在規範所產生。但此「心」乃須「不泯」、「克私」方可言其為與聖人相同之心；須是無過與不及，方才不失。由此可見，「良心」的固有性與存在性並非具有必然的關係，因此，只能說象山所言之「本心」的存在，是指一「當然性」的先天存在。對於此「心」之先天存在，象山有如下之說明：

天之予我者，其初未嘗不同。（見《象山全集》，卷三十五〈語錄〉）

若必欲說時，則在天者為性，在人者為心。（見《象山全集》，卷三十五〈語錄〉）

伯敏嘗有詩云：紛紛枝葉謾推尋，到底根株只此心，莫笑無弦陶靖節，個中三嘆有遺音。先生首肯之。（見《象山全集》，卷三十五〈語錄〉）

於此，象山所指的「心」，是承自於「天」，與「性」同一範疇的形上存有，它是一切道德活動得以產生的根源，又稱之為「心之體」。然而形上的「存有」徒具「形式」的意義，只是一種潛在的能力，必須透過具體的活動來加以實現，是以象山強調「心官不可曠職」（見《象山全集》，卷三十五〈語錄〉），強調「反而思之」（卷二十二〈思則得之〉），其目的亦在於透過「思」的具體活動，將固有之「本心」體現。

「本心」因不蔽於物，不受外物的影響，是以不能具有目的性，同時，

又因其存在屬當然存在，是以雖能實現於時空中，卻又不限於時空之中，是超越於時空之外，具有一切可能性的。象山表示：

> 須是於教此心公平正直，無偏無黨，王道蕩蕩，無黨無偏，王道平平，無反無側，王道正直。（見《象山全集》，卷三十五〈語錄〉）

> 惡能害心，善亦能害心。（見《象山全集》，卷三十五〈語錄〉）

> 君子役物，小人役於物，天權皆在我，若在物，即為物役矣。（見《象山全集》，卷三十五〈語錄〉）

> 心不可泊一事，只自立心，人心本來無事，胡亂被事物牽將去，若是有精神，即時便出便好，若一向去，便壞了。（見《象山全集》，卷三十五〈語錄〉）

> 忽省此心之無始無末，忽省此心之無所不通。（卷三十六〈年譜〉）

象山不但強調「仁義之心」的中正無偏，更強調刻意的對善之追求，亦是陷此「心」於不明。因此，「良心」本體，乃是沒有目的性與時空性的存有，雖「交於物」，卻「不受物累」。無始無末，隨物而發。

然而「本心」雖不限於目的與時空中，其存在卻有待於活動來加以實現。要了解此「心」之活動之性質，首先須自象山對知、行二者間關係的見解中著手：

> 動容周旋中禮，此聖德之至，所以常有先後，言語必信，非以正行，纔有正其行之心，已自不是了。（見《象山全集》卷三十四）

> 人所不見，此心昭然，善推所為，充其心而已。（見《象山全集》，卷二十〈語錄〉）

> 其他體盡有形，惟心無形，然何故能攝制人，如此之甚。（見《象山全集》，卷三十四〈語錄〉）

> 我這裡制於未亂，保於未危，反禍為福。（見《象山全集》，卷三十四〈語錄〉）

從以上所引文句得知，象山認為知行二者乃合一的，但強調知對於行的宰制性。由「周旋中禮」等行為的合度，與「動容」加以相提並論來看，這種合於禮教的行為乃出於內在自我要求，而非外在的強制。這種出於內在的道德要求，即是象山所謂的「知」，故言「知」對於「行」有其主宰性，而此種主

宰性正建立於知行的合一之上。象山學說中有許多言「心」之主宰性、自主宰，學生以爲即是建基於「知行合一」的基礎之上的：

> 居象山，多告學者云，女耳自聰，目自明，事父自能孝，事兄自能弟，本無欠闕，不必他求，在自立而已。（見《象山全集》，卷三十四〈語錄〉）

> 人須是力量寬洪，作主宰。（見《象山全集》，卷三十五〈語錄〉）

> 立乎其大者，而小者弗能奪。（見《象山全集》，卷三十五〈語錄〉）

> 如人心不明，如何作得主宰。（見《象山全集》，卷三十五〈語錄〉）

所謂「立乎其大」、「明心」，都是指出此「心」之能自做主宰，而主宰性乃產生於對道德的內在要求，表現在對事的分辨活動上。因此在象山學說中「良心」的認知活動，在於對日常生活行事上是非的分辨，而非對物質殊別性的認知。象山曾表示：

> 復齋家兄，一日見問云，吾弟今在何處做工夫，某答云，在人情事勢物理上做些工夫。復齋應而已。若知物價之低昂，與夫辨物之美惡真偽，則吾不可不謂之能，然吾之所謂做工夫，非此之謂也。（見《象山全集》，卷三十四〈語錄〉）

> 其發若機括，其司是非之謂也；其留有詛盟，其守勝之謂也。（見《象山全集》，卷三十五〈語錄〉）

「良心」的活動性質，表現出來的，就是對是非的判斷活動，而不是對物價、美惡等外在事物性質的鑑定。由此可以確知「良心」的具體實現，即是道德與良知內在的判斷活動的本身。

判斷活動因乃對是非的分辨，因此象山又稱爲「知恥」，「知恥」的表現，就是「天道」的表現：

> 道行道明，則恥尚得所；不行不明，則恥尚失所。恥得所者，本心也，恥失所者，非本心也，聖賢所貴乎恥者，得所恥者也，恥存則心存，恥忘則心忘。（見《象山全集》，卷二十二〈雜說〉）

於此，象山將道德的判斷活動與「天道」相聯結，以「知恥」爲道行道明的表現，他同時表示，「道」與「心」其實是一體而二，並沒有分別的，只是探討的角度有所不同罷了：

> 人心惟危，道心惟微，解者多指人心爲人欲，道心爲天理，此說非

> 是。心一也，人安有二心，自人而言，則曰惟危，自道而言，則言
> 惟微。(見《象山全集》，卷三十四〈語錄〉)

> 天下理無窮，然其會歸，總在於此 (見《象山全集》，卷三十四〈語
> 錄〉)

> 今學者能盡心知性，則是知天，存心養性，則是事天。人乃天所生，
> 性乃天之所命，自理而言，而曰大於天地，猶之可也；自人而言，
> 則豈可言大於天地，乾坤同一理也。(見《象山全集》，卷十二〈語
> 錄〉)

由此可知，「良知」是「天道」在於人的表現，「良心」則是「理」的會歸
處。前者表現出來的是發用了的判斷行爲，是天道的闡揚，後者則就其未發
之狀態而言，與「道」、「理」的同屬於形式範疇。是以「良知」的活動原
則，實存於「良心」，「良知」的本體「良心」，實即是非判斷的原則、原理
的存在。於此原理所代表的，因爲是一形而上的存有，具有不變動的性質，
故爲具規律的。是以學生以爲，「良心」即是規律的存在於人，而「良心」之
表現爲「良知」，即是規律的具體表現。這種對規律性的運用的表現，可以從
象山的其他言論中得到證明：

> 彝倫在人，維天所命，良知之端，形於愛敬，擴而充之，聖哲之所
> 以爲聖哲也；先知者，知此而已，先覺者，覺此而已。(見《象山全
> 集》，卷十九〈語錄〉)

> 皇極之建，彝倫之敘，反是則非，終古不易，是極是彝，根乎人心，
> 而塞乎天地。(見《象山全集》，卷二十二〈語錄〉)

彝倫是指常理、倫常，強調的是其「不易」性，也就是規律性。象山將此日
用倫常之規律性植根於人心，並以它爲知與覺的目的。由此更加彰顯出「良
心」「良知」的規律性意義。

「良知」代表著對規律的實現，其存在根植於本心，因此「規律性」是
出自於主體自身，不是由外獲得的，由之所產的活動是謂自發。主體心的
自發性，使得「良心」在規律性的意義外，復具有自由之特質，對此象山曾
表示：

> 須收拾作主宰，收得精神在內，時當惻隱即惻隱，當羞惡即羞惡，
> 誰欺得你，誰瞞得你。(見《象山全集》，卷三十五〈語錄〉)

　　惻隱，仁之端也，羞惡，義之端也，辭讓，禮之端也，是非，智之
　　端也，此即是本心。(見《象山全集》，卷三十六〈語錄〉)

惻隱、羞惡、辭讓、是非，象山視爲「本心」當然之存在，故具有規律性意
義；但，時當惻隱即惻隱，當羞惡即羞惡，卻是規律的自由運作，此時自主
與規律二者乃共現於一心。故對象山認知主體的說明，可以簡單一句「自由
與規律的共存」加以涵蓋之。

二、對象山「萬物皆備於我」與「心即理」之說明

　　明白了認知心的性質之後，學生進一步將針對「萬物皆備於我」，與「心
即理」此二命題加以說明之。

　　象山學說中討論到心體之無限性時，時常將萬物存在之理包含於一「心」
之內，認爲「心」足以認知宇宙萬物〔註3〕。他曾說：

　　先生言，萬物森然於方寸之間，滿心而發，充塞宇宙，無非此理。(見
　　《象山全集》，卷三十四〈語錄〉)

　　收拾精神，自作主宰，萬物皆備於我。(見《象山全集》，卷三十五
　　〈語錄〉)

於此，象山雖肯定了對萬物認知的可能性，卻認爲必須以道德心的把握爲前
題，也就是說在對自我德性主體加以體認，並以此爲一切行動主宰之後，方
能進一步對萬物有眞正的認知。然而對道德主體的掌握與發用，乃屬於人類
社會屬性的表現，而萬物僅具有自然屬性，於是如何能由對社會屬性的認知
轉換至對自然屬性的認知，在象山學說中即有所困難。是以學生以爲，若果
將德性的認知，以前一節的結論——規律與自由的統一——來表示的話，則
將能解消此一問題。首先，萬物只具有自然屬性，但這種自然屬性的表現，
是有其規律性，配合著整個自然環境的變遷而加以進行的，因此也可以說萬
物是活在規律之中的。而就人類與萬物同爲宇宙內的生物來看，二者存在乃
具有相同的規律性特質。因此，人之「良心」的表現，既是對規律的自由運

〔註 3〕蔡仁厚先生於《宋明理學》一書〈南宋篇〉，頁 237 中指出：「心一方面是道
　　　德的創造原理，亦是宇宙萬物的實現原理。若能盡我之心，便自然可與天同。」
　　　林繼平先生於《宋明心學評述》一書，頁 246 中，亦以爲「心即理」乃就「天
　　　理」而言。此外陳郁夫先生於其所著《中國歷代思想家》中亦肯定「象山的
　　　心一方面是宇宙本體，一方面又是主宰的義理心。」在在皆指出，象山透過
　　　「心即理」的思想，發展出「萬物皆備於我」的說法。

作，將規律性納於主體之中。於是只要能把握此心，則能掌握此規律性而予以自由的發用，也可以說即是對萬物的自由把握。因此對於「萬物皆備於我」的說明，學生以爲象山以對認知主體的掌握來說明之，是有其價值意義的，他將形上學中方能解釋的問題，以道德認知的角度加以完成，使之更加的明晰易懂。

其次言「心即理」。象山的學說重點，一般以其「心即理」一說爲代表。他曾表示：

> 四端者，即此心也，天之所以與我者，即此心也。人皆有此心，心皆具是理，心即理也。（見《象山全集》，卷十一〈語錄〉）

> 人心至靈，此理至明，人皆有是心，心皆具是理。（見《象山全集》，卷二十二〈語錄〉）

同樣的，「心」的主體性即在於規律性，而「理」是永恆不變的形上原則，自然亦具有規律性，因此就規律性而言，「心體」與「理」的特性皆同，是屬於同一範疇的，只是強調的角度不同罷了。因此「心」與「理」乃合一，二者是互相涵攝的。同時因「心」的能夠對規律性的掌握，故象山言「心即理」與朱子言「性即理」，在基本上是完全不同的。朱子言「性即理」乃是強調「性」之獨立自存的純粹形上特性，彰顯出「性」之爲存有，與「理」具有相同的範疇特性。而象山的「心即理」，則是突出「心」對「理」的掌握與運用，不但說明了存有上「心體」與「理」具有相同的範疇，更包含了「心體」運行發爲「內思」活動時，對「理」的把握與行爲上的自爲主宰。是以二者雖同爲對「理」的掌握，但對其與人之間的互動關係，畢竟有著十分不同的理解。

第三節　對象山認知過程的說明

在第二節中，學生已對認知主體有了詳盡的說明，本節將進一步討論象山學說中對認知過程的判定。

學生於前文中，已明確地指出，象山的認知學說乃本於道德認知，而非對事物殊別性的認知。而道德性認知最重要的即在於確立主體之自主性，以及自我省察的工夫，這一點可自象山與弟子的對話中看出來：

> 或問先生之學，當來自何處入。曰，不過切己自反，改過遷善。（見

《象山全集》，卷三十四〈語錄〉、卷三十六〈年譜〉）

然而因爲象山並不否定向外學習的價值，因此在整個的認知過程中，雖以德性認知爲重心，卻並未否定經由外在事物所獲得之認知的價值。事實上，象山乃是由對經驗界現象的觀察，來肯定主體性的重要，再根據此一體認，進一步涵養主體，並擴大到行事之中。象山此種雖不廢事，卻以德性認知爲主要認知方向的思想，表現於其以下言論中：

> 事固不可觀，然畢竟是末，自養者，須養德。（見《象山全集》，卷三十五〈語錄〉）

> 人莫先於自知。（見《象山全集》，卷三十五〈語錄〉）

> 須思量天之所以予我者，是甚底，爲復是要做人否，理會得這個明白，然後方可謂之學問。（見《象山全集》，卷三十五〈語錄〉）

是以在象山的認知理論中，觀事亦是其中的一個部分。

有關象山對認知過程的闡述，學生以爲以下兩段話，可以大致劃分其骨幹，藉以說明不同階段所產生之不同性質的思慮活動。

> 志道、據德、依仁，學者之大端。（見《象山全集》，卷三十五〈語錄〉）

> 孔子十五而志於學，是已知道時矣。雖有所知，未免乍出乍入，乍明乍晦，或警或縱，或作或輟，至三十而立，則無出入明晦警縱作輟之分矣。然於事物之間，未能灼然分明見得，至四十始不惑。不惑矣，未必能洞然，融通乎天理矣。然未必成熟，至六十而知已到，七十而所行已到。事不師古率由舊章，學於古訓，古訓是式，所法者，皆此理也，非狗其跡，倣其事。（見《象山全集》，卷三十五〈語錄〉）

以上兩段話，是象山學說中，有關整個認知過程的較完整的說明。第一段的志道，正好與孔子十五之志於學相當；據德，則與三十而立，四十而不惑之性質相同；依仁，是五十而知天命與六十而耳順之表現；至於七十而從心所欲，學生以爲當屬悠游自在與大明覺的境界。由於象山以上這二段說明的互相呼應，以及與其他片段說明的互相配合，學生在說明其思想系統時以志學、據德、依仁三者爲其骨幹，分別闡述之。並於此三者之外，另加游藝一項，以期對象山整個認知過程作較詳盡的說明。

一、志於道

在說明「志於道」的學習內容之前，首先須明瞭象山對認知活動本身價值意義的看法。他曾說：

> 學者規橫，多係其聞見。孩提之童，未有傳習，豈能有是規橫，是故所習不可不謹，處乎其中而能自拔者，非豪傑不能，劫於事勢，而爲之趨向者，多不得其中，亦理之常也。（見《象山全集》，卷三十四〈語錄〉、卷二十二〈雜說〉）

> 蓋先入者爲主。（見《象山全集》，卷三十六〈語錄〉）

> 後生全無所知底，似全無知，一與說，即透得，爲他中虛無事。（見《象山全集》，卷三十五〈語錄〉）

> 生知，蓋謂有生以來，渾無陷溺，無傷害，良知具存，非天之降才爾殊也。（見《象山全集》，卷三十六〈語錄〉）

蓋象山以爲人心本來是純淨無雜的，此之謂「生知」，而一切的欲望與追求，乃是經由接受外在事物所開啓，受著教育的影響的。而德性認知本屬「當然性」認知；並不具「實然性」，是以對道德主體的認知，須由外在引導而入，給予一個方向始能達致。這種由外在引導而入的傾向，象山即稱爲「志道」，此「志道」亦可說是主體性對德性的認知傾向，一方面出於主動，另一方面則須由外在教育引導，故是內外互動的：

> 學者，先須不可陷溺其心。（見《象山全集》，卷三十五〈語錄〉）

> 所習由其所志。（見《象山全集》，卷三十五〈語錄〉）

認知的目的在於使此「心」朝向內在自主性發展，不使之流於對物的過份追求，因此首先須要有志於道。然而因人心原爲「生知」，本身不知須立志向道，故須有良師益友或聖賢書引導、啓發，才能志於正道而不致有所偏頗：

> 束書不觀，游談無根。（見《象山全集》，卷三十四〈語錄〉）

> 中庸言博學、審問、愼思、明辨，是格物之方，讀書親師友是學，
> 思則在己，問與辨皆須在人。（見《象山全集》，卷二十一〈雜著〉）

象山明白表示出，讀書與親師友屬於外在的學習，但若非透過這種對外廣博的學習與探索的過程，則無法知道德性認知的重要，將會流於物役。是以「志於道」此階段的認知活動，尚屬對經驗界的認知，而未觸及到道德主體的把

握。對此，象山曾對志道的活動性質有所說明：

> 須有智識，然後有志願。（見《象山全集》，卷三十五〈語錄〉）

> 今人如何便解有志，須先有智識始得。（見《象山全集》，卷三十五〈語錄〉）

「志道」包括了智識與志願二部分，智識部分，即是對經驗界所做之博愛與審問的活動，不論是自然界之萬物，或是生活上之日用彝倫，都是學習與審求的對象：

> 須是事事物物不放過，磨考其理。（見《象山全集》，卷三十五〈語錄〉）

> 然某皆是逐事逐物，考究練磨，積日累月，以至如今。（見《象山全集》，卷三十五〈語錄〉）

> 明於庶物，察於人倫。（見《象山全集》，卷三十五〈語錄〉）

> 人情物理上做工夫。（見《象山全集》，卷三十五〈語錄〉）

> 須是下及物工夫。（見《象山全集》，卷三十六〈語錄〉）

由以上片段可以證明，象山並未否定外在認知的價值，相反的以此為人「志於道」的實行方法。然而象山雖以經驗界為入手處，卻非以事物的殊別之理為對象，而是期於庶物人倫中，體會到人與物皆在「理」之中，從而確定對主體自主性追求的價值。他的這種見解，可以從以下言論中窺知：

> 凡事，只看其理如何。（見《象山全集》，卷三十五〈語錄〉）

> 磨礱鍛鍊，方得此理明。（見《象山全集》，卷三十五〈語錄〉）

> 此理塞宇宙，誰能逃之，順之則吉，違之則凶。其蒙蔽則為昏愚，通徹則為明知，昏愚者，不見是理，故多逆以致凶。明知者，見是理，故能順以致吉。（見《象山全集》，卷三十四〈語錄〉）

> 學問須論是非，不論效應。（見《象山全集》，卷三十五〈語錄〉）

自事中求理，但不是求可驗之理，而是在可驗之經驗界，求一不可驗的道理；亦即透過無常之現象界得知主體與宇宙的內在一致性。此即象山所謂：

> 雖欲自異於天地，不可得也。（見《象山全集》，卷三十六〈語錄〉）

是以，象山認為道德認知的第一步，在於透過經驗界的活動，感受到主體與宇宙的內在一致性，從而以主體的自主性為認知的方向，此即其「志於道」

的內容。

　　在這一階段中，象山強調透過聖賢書、親師友，以及察於庶物人倫來肯定主體的重要性，學生以爲乃是其對「萬物一體」的素樸認知，也就是其後「萬物皆備於我」認知的發端。但象山只是強調藉前者來達到後者之目的，卻沒有詳細認明對經驗界的認知是屬於何種性質，是以學生以爲象山的經驗認知，因爲是對非效驗的「理」認知，因此不能是對事物殊別性的認知；同時，因爲只是素樸地強調主體與宇宙的內在一致性，因此尚非對形上存在的認知。基於以上兩點理由，如果欲對象山認知的範疇加以探討的話，此一階段應是對經驗界事物彼此間關係的認知，同時也只有互相影響的關係中，才有可能感受到萬物與己的相關性，並進而體認到主體於其中的主宰性質。

二、據於德

　　既有志於道，進一步則須確立道德主體的存在，恢復此「當然本心」。象山表示：

> 毛剛伯必彊云，先生之講學也，先欲復本心，以爲主宰，既得其本心，從此涵養，使日充月明，讀書考古，不過欲明此理，盡此心耳。
> （見《象山全集》，卷三十六〈語錄〉）

> 復者陽復，爲復善之義，人性本善，其不善者，遷於物也。知物之爲害，而能自反，則知善者乃吾性之固有，循吾固有而進德，則沛然無他適矣。（見《象山全集》，卷三十四〈語錄〉）

> 內思其本。（見《象山全集》，卷三十五〈語錄〉）

> 須思量天之所以與我者，是甚底，爲復是要做人否，理會得這個明白，然後可以謂之學問。（見《象山全集》，卷三十五〈語錄〉）

復其「本心」最重要的就是要向內自我反省，而不再是向外對經驗界的追求了，因此象山以爲復其「本心」的重點即在於能自反與遷善：

> 或問先生之學，自何處入，先生曰，不過切己自反，改過遷善。（見《象山全集》，卷三十六〈語錄〉）

> 人當先理會所以爲人，深思痛省。（見《象山全集》，卷三十五〈語錄〉）

人能退步省，自然相入。（見《象山全集》，卷三十五〈語錄〉）

窮究磨煉，一朝自省。（見《象山全集》，卷三十五〈語錄〉）

自反與遷善的態度，表現出來的，就是對邪正、善惡、公私的分辨活動，是以前一階段所獲得的經驗材料，做一主觀價值的論定，此即所謂的「義利之辨」。對此，象山有十分詳盡的說明：

若果有志，且須分別勢利道義兩途。（見《象山全集》，卷三十五〈語錄〉）

知非，則本心即復。（見《象山全集》，卷三十五〈語錄〉）

凡欲爲學，當先識義利公私之辨。今所爲果爲何事，人生天地間，爲人自當盡人道，學者所以爲學，學爲人而已，非有爲也。（見《象山全集》，卷三十五〈語錄〉）

以上三段中，象山雖沒有明確地指出判斷的對象是經驗界的內容，但因判斷本身屬於活動性質，並非形式存有，即須以物質材料爲其對象，同時在象山學說中，認知之始，亦已包含了有經驗物質的存在，因此當可確定此一階段是對經驗世界給予一價值形式的斷定。這種並非以外在事物爲標準，而是以主體的內在要求爲標準具的判斷活動〔註4〕，象山稱之爲「知恥」：

人惟知所貴，然後知所恥，不知吾之所當貴，而謂之有恥焉者，吾恐其所謂恥者，非所當恥矣。（見《象山全集》，卷三十二〈拾遺〉）

而至於甘爲不善，而不之改者，是無恥也。夫人之患，莫大乎無恥。（見《象山全集》，卷三十二〈拾遺〉）

人之無恥者，盍亦於是而少致其思乎，人不可以無恥以此。（見《象山全集》，卷三十二〈拾遺〉）

「知恥」不但表示了具備判斷的能力，更顯示了其對道德要求的特性，此亦即根據所志之方向，在判斷之中對「仁義之心」自存的肯定。象山曾對「心」的活動有如下的說明：

念慮之不正者，頃刻而知之，即可以正，念慮之正者，頃刻而失之，即爲不正，此事皆任其心。（見《象山全集》，卷二十二〈雜說〉、卷

〔註4〕 蔡仁厚先生於《宋明理學》一書〈南宋篇〉，頁 231 中對此表示：「辨志亦須有個標準，而利己或利人，即是從道德意識中顯發出來的，簡明直接之準衡。」而徐復觀先生則於《象山學述》中直接稱此爲「本心之復」。

三十六〈年譜〉

這是指「心」具有「正」與「不正」之可能，但當人們已有要求「復其本心」的志願時，則在判斷的同時，已確立了追求仁義的方向，自無不正之可能了。對此，象山亦稱之爲「格物」：

> 諸公上殿，多好說格物，且如人主在上，便可就他身上理會，何必別言格物。（見《象山全集》，卷三十四〈語錄〉）

> 格物是下手處。伯敏云，如何樣格物，先生云，研究物理……萬物皆備於我，只要明理。（見《象山全集》，卷三十五〈語錄〉）

> 格物乃先定規模。（見《象山全集》，卷三十五〈語錄〉）

> 須是一切掇動剗除了，方得如格。（見《象山全集》，卷三十五〈語錄〉）

> 某與人理會事，便是格君心之非事。（見《象山全集》，卷三十五〈語錄〉）

是故象山所格之「物」，乃是指心中之非事，是要將一切受制於欲望、情緒所牽引的念頭，透過價值判斷的區分，將之格除。此與朱子視「格物」爲窮究事事物物之理，是對事物之「理」客觀的認知，不含任何價值判斷於內的思想是不同的。因此象山不屑於殿上諸公所言之「格物」。而是自人主體的內在價值判斷來言「格物」，以價值爲所格之標準，自有其特殊意義。

總括而言，在「據於德」階段中，象山強調的是出於主體的價值判斷活動，同時因爲已有前面之志願所立，故能貞定而不惑。然而這種價值判斷活動雖出於主體，對於價值標準的內在於主體，說理究竟有所不足，是以象山進一步將對判斷原則之主體性有所說明，此即「依於仁」。

三、依於仁

對於「依於仁」的部分，象山很少加以說明，但學生以爲此一階段乃重點所在，故須單獨加以說明。以下二段象山的言論，學生以爲可以爲此階段心知活動的代表：

> 不曾過得私意一關，終難入德，未能入德，則典則法度，何以知之。
> （見《象山全集》，卷三十四〈語錄〉）

> 其志既定，則各安其分。（見《象山全集》，卷三十五〈語錄〉）

典則法度所代表的是客觀的公理，可以說是指導人們行為處世的規矩所在。但這裡所謂的「典則法度」並非指經驗界的「事法」，因為「事法」可以直接透過智識去加以理解，而此處象山卻強調須以入德為條件，也就是說先要以復其「道德本心」為條件，方能對典則法度有所認知。是以此處所謂之典則法度，當指非經驗的，決定道德範圍的規律、原理〔註5〕，而也只有在對此一原理、原則有所認定之後，方能各安其分，是以「安分」所表達的，即是找到各自依歸之後的態度，而非仍處於價值判斷活動之中。因此學生以為，在進行道德判斷之後，更進一步的是對此一道德判斷的原理的認知，此方為對道德準具的內在於主體有所認知，亦才可謂之道德認知。因此「依於仁」所代表的是對形上原則、原理的內在主體性認知，是對規律的認知，此亦即孔子所謂的「知天命」的歷程。至於此一階段，如何由判斷活動轉為形上原理的認知，則象山並未加以明確的說明。是以只能透過其「心即理」思想來加以理解。由象山論「心」之「能知」及其與「天道」同體的思想中（見本章第一節第二款）推論出「良知」活動原則之內在於主體。因此雖然在道德主體的認知過程中，規律的植基於主體是一很重要的階段，但象山並未加以詳細處理，使得主體雖有價值判斷活動，卻無法充分說明其自主性。

在「據於德」階段中，象山在肯定了人心的重要性後，便對人心之各種活動做一價值判斷，但並未確立其主體性，必得至「依於仁」階段，才對主體之自主性有明確的認知。然而因為此一階段完全屬於形式的認知，只是找到道德自主性之根據，不足以說明道德活動的自發性，是以德性認知還要進一步透過「游於藝」的過程方能加以完成。

四、游於藝

對於主體的自發性活動，象山有如下之說明：

> 要知尊德樂道。（見《象山全集》，卷三十五〈語錄〉）

> 我無事時，只似一個全無知無能底人，及事至方出來，又卻似個無所不知，無所不能之人。（卷三十五〈語錄包揚顯道錄〉）

> 每理會一事時，血脈骨髓都在自家手中，然我此中卻似個閒閒散散，

〔註5〕林繼平先生於《宋明心學評述》一書，頁140中即認為此乃「人生最高指導作用的顯現」。蔡仁厚先生亦仿康德語意，指出基於自律性，可以歸結出心之本身就是立法者。

全不理會事底人，不陷事中。（卷三十五〈語錄包揚顯道錄〉）

物各付物，所過者化，事物之往，知以藏之。（見《象山全集》，卷二十九〈語錄〉）

此心炯然，此理坦然，物各付物會其有極，歸其有極矣，所過者化，所存者神，上下與天地同流。（見《象山全集》，卷一〈與趙監〉二）

在前一階段中，主體只是找著了其形上依據，確定了規律性的自存於主體，但正如學生在前一節中對象山「道德認知心」的探討一般，道德最重要的還在於自由的運用規律，自發性的活動於規律之中，如同孔子所言之「從心所欲而不逾矩」，是以在游於藝的階段中，「尊德」固然代表了對規律性的尊重，而「樂道」則必須是能將規律自由運用於股掌間方能達到的〔註6〕。隨事之來而應付之，卻又不流滯於事上，「物付與物」的思想，正代表了自由的特性。因此象山學說之優點，學生以爲即在於「游於藝」的階段，因爲他不但體會到道德規律的主體性，更將之擴大到能自由的使用規律，對道德的自發性有了更深刻的體認。同時規律與自由的統一，正代表著理智與感情的諧調，更是對人類的本質有著十分明確的見解。

象山的認知過程整體來看，是起於對經驗界的觀察與審問，繼之進行價值判斷活動，並於此找到此一判斷原則的內在主體後，再對此一規律的自由運用有所認知。因此在整個認知過程中，象山並沒有考慮到各種概念的認知，而是直接對概念以外的關係的認知，並透過對關係的分辨與認定，直接對選擇原則有一認知，著重的乃是對道德原則的選擇特性，以對殊別性的認有所忽略乃是必然的。同時，由於其強調了道德的選擇特性，整個過程自然只能是一「當然」過程，而非必然之過程。

第四節　象山認知學說的重要性

象山的認知學說雖屬於道德認知，但與整個學說的其他部分皆有其密不可分的關係。不但工夫論即含括道德認知之中，就連與形上觀或德行觀都是密不可分的，以下分別略述之。

〔註6〕 蔡仁厚先生於《宋明理學》一書〈南宋篇〉，頁235中即指出：「本心既復，即能自發命令，自定方向，以透顯其主宰性。」自發命令，自定方向不即是自由的表現嗎？

一、德行觀

象山的道德認知基本上與道德行為有著內在的一致性，只要是真正具有了道德認知，則必然會產生道德行為。這種內在的必然關係，表現於象山的知行學說中：

> 智聖雖無優劣，卻有先後，畢竟致知在先，力行在後，故曰始終，先生曰是。（見《象山全集》，卷三十四〈語錄〉）

> 博學在先，力行在後，吾友學未博，焉知所行者，是當為，是不當為。（見《象山全集》，卷三十五〈語錄〉）

> 吾知此理，即乾，行此理，即坤，知之在先，故曰，乾知大始，行之在後，故曰，坤作成物。（見《象山全集》，卷三十四〈語錄〉）

> 乃是必先言其人有是德，然後乃言曰，某人有事。有某事，蓋德根乎其中，達乎其氣，不可偽為，有事，則有才智之小人，可偽為之。
> （見《象山全集》，卷三十四〈語錄〉）

「事」所代表的，是外在的德行的表現，然而象山對德行的定義，非僅止於外在的舉措合宜，而是以內在的「致知」為基礎所表現出來的行事。事實上，從道德的合規律性與自由性來看，行事的合度亦須與內在的自發性一致，方可言其為道德表現，否則亦只是外在規則的遵循而已。因此，由象山對道德行為定義之中，可以了解其與道德認知的內在一致性。

二、道德形上觀

象山學說的形上觀是以「道」為基礎的，而其對「道」的描述則與道德認知有相通之處，這一點可自象山言「道」之特性的言論中看出。象山表示：

> 自形而上者言之，謂之道；自形而下者言之，謂之器，天地亦是器，其生覆形載必有理。（見《象山全集》，卷三十五〈語錄〉）

無疑地，「道」具有形上特性，屬於形上範疇的存有，是唯一自存，具有客觀性的：

> 誠者，自誠也，而道，自道也。（見《象山全集》，卷三十四〈語錄〉）

> 且天下事事物物，只有一理，無有二理，須要到其至一處。（見《象山全集》，卷二十九〈語錄〉）

> 上帝臨汝，無貳爾心，此理塞宇宙，如何由人杜撰得。（見《象山全集》，卷二十九〈語錄〉）

「道」是客觀自存，並非可由人任意增飾的，是以「道」是完滿具足的，不具任何之目的性，亦不可言用，超乎人欲之外與人欲妄念相對：

> 知盡天下事，只是此理……知與不知，元無加損於此理。（見《象山全集》，卷三十五〈語錄〉）

> 人妄既滌，天理自全。（見《象山全集》，卷二十九〈程文〉）

> 道在天下，加之不可，損之不可，舍之不可，要人自理會。（見《象山全集》，卷三十五〈語錄〉）

> 聖人之道，有用無用，便非聖人之道。（見《象山全集》，卷三十四〈語錄〉）

因「道」不具任何目的，故象山乃進一步說明「道」是一切的會歸，具有統一性、全體性。是以對「道」的闡發，雖然有各種不同的方式，不可能盡同，但「道」的存有則是不具殊別性的：

> 此理所在，安有門戶可立。（見《象山全集》，卷三十四〈語錄〉）

> 吾欲欲殄其私，而會於理。（見《象山全集》，卷三十四〈語錄〉）

> 知道，則末即是本，枝即是葉，又曰，有根則自有枝葉。（見《象山全集》，卷三十五〈語錄〉）

「道」雖然是形上之存有，卻非全然外在於時空，而是在時空之內的。然而「道」本身雖具有時空中之規律性，卻又超越此規律性，因而必有無限實現的可能而具有自由性，因此，可以說「道」是在有限中之無限表現。

> 道在宇宙間。（見《象山全集》，卷三十四〈語錄〉）

> 語大，天下莫能載焉，道大無外，若能載，則有分限矣；語小，天下莫能破焉，一事一物纖悉微末，未嘗與道相離。天地之大也，人猶有所憾，蓋天之不能盡。（見《象山全集》，卷三十五〈語錄〉）

> 塞宇宙一理耳，學者之所以學，欲明此理耳，此理之大，豈有限量。（見《象山全集》，卷十二〈與趙詠道書〉四）

除了以上的說明之外，對於「道」的自由性，象山又藉著「藝」與「道」的互相影響來加以說明。「藝」的表現仍是在於規矩中表現出自由運用的特性，

而「道」既是在有限世界中所具有的無限存有，因此基本上與「藝」具有相同之合規律與自由之表現：

> 棋所以長吾之精神，瑟所以養吾之德性，藝即是道，道即是藝，豈惟二物，於此可見矣。（見《象山全集》，卷三十五〈語錄〉）

> 主於道，則欲消，而藝亦可進，主於藝，則欲熾而道之，芸亦不進。
> （見《象山全集》，卷三十五〈語錄〉）

由象山對「道」的闡明，可以看出「道」的特性完全符合於人之道德主體心存在的特性〔註7〕，此亦即象山為什麼常以為「道」與「心」其實為一，只是一個強調形上存有，一個強調此一存有的內在於主體心之原因。因此，象山的形上原理，可以說是配合著道德認知而言，除了各自強調的角度不同外，其內涵可以說是完全相同的。

　　以上從象山之道德觀與形上觀的論述當中，吾人可以看出道德認知在象山學說中之重要性，至於其工夫論，因為認知學說的以道德為認知目標，故完全配合認知而發展的，以認知的達至為工夫的完成。是以討論象山之認知原理，當是了解其整體學說之最好途徑。

〔註 7〕參考孫師振青先生所著之《宋明道學》，頁 400～419。

第四章　由朱陸認知之歧見看鵝湖論辯之重點

　　在前面二章中，學生對朱子與象山的認知系統已分別做了十分詳盡的說明，其目的即在於透過二人不同的認知系統，探討出發生學說歧異的眞正原因所在，以期有一客觀的評斷。因此在此章中，學生將分別自「無極而太極」與「支離與易簡」的爭論加以討論，先從其內在於學說體系上的一致性，導引出問題的意義與價值，復針對價值之不同加以比較評述之，以期能於前人研究之外，另尋覓一新的途徑。

第一節　「無極而太極」的爭論

一、朱子言「無極而太極」的意義與必要性

　　若要明白「無極而太極」一詞的提出在朱子哲學系統中的意義，首先即須對其所強調之問題有所了解，然而朱子雖慣常以「無形而有理」來詮釋它，卻畢竟只限於字面上的解釋，並未指出語句的眞正目的所在。是以，在探討問題之初，即當對「無極而太極」一句的眞正所指有所認識。

　　朱子曾於寫給象山的信中表示過，濂溪《通書》中「無極而太極」的思想，並非一個割裂的命題，或是因襲了道家的思想，相反的，是儒家思想脈絡下的產物。雖然在先秦儒家思想中並無此一思想結構的提出，但從整個學術發展來看，此句的提出與儒家一貫思想，有著學理上的一致性。其原文如下：

> 來書反覆其於無極太極之辨詳矣，然以熹觀之，伏羲作易自一畫以
> 下，文王演易自乾元以下，未嘗言無極也，而周子言之，夫先聖後
> 聖，豈不同條而共貫哉。若以此有以灼然實見太極之真體，則知不
> 言者不為少，而言之者不為多矣，何至若此之紛紛哉。（見《朱子文
> 集》，卷三十六〈答陸子靜書〉五）

由此可見，朱子提出「無極」一語，其重點是在於對「無極」在整個思想系統中的一致性的肯定。是以在探討「無極而太極」之時，即不能只限於「無形而有理」的形容詞用法，而應著眼於上下二句間的一致性與統一性，在二者的承續上重新找到其與整個學說的內在一貫性。以下學生即分別自「認知心」與「認知歷程」的基礎上，來探討「無極而太極」的內在一致性所傳達的意義，以及在整個認知系統上的必要性。

在本文第二章第一節「知識論在朱子學說中之重要性」的形上觀部分中，學生曾嘗試地指出，形上觀的建構在邏輯次序上雖具有在先性，但在認知系統中，其內涵卻有待於認知活動來加以完成。在第二節「認知心」一段中，學生亦曾表示，對形上範疇的認知，是透過「認知心」對經驗界的類比來完成的。因此也可以說，對形上範疇的認知，基本上是透過「認知心」對本身活動的認知加以類比完成的。

基於以上的前題，在探討「無極而太極」此一形上命題時，首先即須再次回顧一下前面對「認知心」所做的探討。

「認知心」是指一切活動的樞紐，它主宰著人類所有屬於社會屬性的行為的發用，屬於「氣之靈者」。然而其活動原則與規律，卻不存在於自身，乃是承「性」而來，而「性」本身又僅具有指導義，不具有內容，其實現必須透過「心」來加以完成。因此「認知主體」本身雖不屬於形上，卻上通於形上實體，與之有一內在的聯屬關係；雖屬於形下之「氣」，卻又並非全為「氣」，屬於「氣之靈者」，具有主宰形下活動之能力，是故其性質在於透過發用來完成形上形下的溝通與統一。

在對「認知心」的特質做了以上的回顧之後，接下來即是看看朱子是如何對「太極」下定義的：

> 太極只是天地萬物之理。（見《朱子語類》卷一）

> 有是理便有是氣，此本無先後之可言。（見《朱子語類》卷一）

> 太極分開，只是兩個陰陽，括盡了天下物事。（見《朱子語類》卷九

十四）

所謂太極者，只二氣五行之理，非別有物為太極也。又云，以理言
之，則不可謂之有，以物言之，則不可謂之無。（見《朱子語類》卷
九十四）

太極只是理，理不可以動靜言，惟動而生陽，靜而生陰，理寓於氣，
不能無動靜所乘之機。（見《朱子語類》卷九十四）

形而上者，無形無影，是此理，形而下者，有情有狀，是此器。然
謂有此器，則有此理，有此理則有此器，未嘗相離，卻不是於形器
之外，別有所謂理。（見《朱子語類・程子書》一）

由以上所引文句可以得知，「太極」即「理」，屬於形而上者，其存有為五行
二氣之「理」，是與「氣」相結合的，故是內在於天地萬物之中。然而「太
極」雖屬於形上層次，不能以「有」稱之，卻又是萬物生化之根源，不能以
「無」來定義他，故是介乎「有」「無」之間，是「不能無動靜可乘之機」。
於此，「太極」可以說是萬物的共同之「理」，是一個統一的理念，然而在發
用運行之際，因為與「氣」相結合，故表現為各種殊別的存在狀態，也可以
說「太極」是以萬物的殊別性來實現，展現其統一性的。

雖然在形上系統中，「太極」展現於人身上的，在於「性」的獲致，在訴
求上應以「性」為對象，但正如前文所言，朱子對形上範疇的認知，是以認
知活動為基礎加以類比的，是以在審視「太極」的特性時，不難發現其與「認
知主體」具有相同的特性。首先，「心」是一切活動的主宰，其發用落於形而
下者是完全屬於「氣」之「情」、「意」、「才」的表現；而「太極」亦是一切
活動的中心，其運行將展現為天地萬物等形下之「器」。其次「心」是介乎形
上與形下之間，具有靜與動兩種表現；而「太極」雖屬形上之「理」，其存在
卻必須與「氣」結合，表現於運行之中，因此可以說是「理」中有「氣」，「氣」
中有「理」，是在形上存有性質中含有形下存在之可能。因此在朱子學說中，
「太極」的說明幾乎與「心」的說明是完全一樣的，此亦正足以印證學生所
言之「朱子形上範疇的認知，是透過認知活動類比加以完成的。」

朱子既然是透過「認知主體」來類比「太極」，那麼在整個認知體系上，
勢必得在形上範疇中找一個相當於「性」在認知活動中的價值的一個更為純
粹的存有，學生以為此即朱子「無極」之提出的必然性所在。既然以「心」

來類比「太極」，自然得另立一個更爲純粹的形上「存有」來承續「性」的類比。這樣的一種推論，同樣的可以從朱子對「無極」的定義中找到根據：

> 無極而太極，只是說無形而有理。（見《朱子語類》卷九十四）

> 無極而太極，不是說有箇物事光輝輝地在那裡，只是說這裡當初皆無一物，只有此理而已（見《朱子語類》卷九十四）

> 若論無極二字，乃是周子灼見道體，迴出常情，不顧旁人是非，不計自己得失，勇往直前，說出人不敢說底道理，令今後學者曉然見得太極之妙。不屬有無，不落方體，若眞見得透，方見得此老眞得千聖以來不傳之祕。（見《朱子文集》，卷三十六〈答陸子靜書〉五）

> 周子所以謂之無極，正以其無方所無形狀，以爲在無物之前，而未嘗不立於有物之後，以爲在陰陽之外，而未嘗不行乎陰陽之中。（見《朱子文集》，卷三十六〈答陸子靜書〉五）

> 無極而太極，猶曰莫之爲而爲，莫之致而至，又如曰無爲之爲，皆語勢之當然，非謂別有一物也。（見《朱子文集》，卷三十六〈答陸子靜書〉六）

由以上所引文句可以推出，「無極」是強調在完全沒有物質材料時的形上存有，可以說是「萬化之根」，屬於純粹的形上範疇，較「太極」具有更爲純粹的形上特質，故爲「太極」之體，不可以「有」「無」稱之，亦不可以常情來揣測之。其實現雖有賴於「太極」之運行，然其「存有」卻具有獨立性與自足性，強調不與「氣」結合的一面，故爲「無方所無形狀」。就存有而言「無極」是「太極」之體，就運行而言，「太極」則爲其無目的下之合乎規律的作用。由這些內容來看，「無極」的特性及其與「太極」的關係，正是「性」的特性及其與「心」的關係的再現。如「性」是較「心」更爲純粹的存有，僅具有指導義與規律義，其實現有賴於「心」之活動，然就「存有」而言，「性」卻不因「心」方才「存有」，這種特性不正與「無極」相同嗎？因此學生嘗試著下一結論，朱子「無極而太極」的提出，就其認知體系而言，是有著內在的必要性的。

由於「無極而太極」的這種必要性表現出來的不光是形上範疇的建立，而是在於對整體一致性的規劃。是以「無極」「太極」的並蒂出現，顯示了朱子嘗試透過不同的角度，對宇宙的整體有完整的說明，要在形上與形下之間

找出其內在的隸屬性。這樣的一個要求，可以自〈朱子答陸子美書〉（二）的片段文意中得知：

> 然殊不知，不言無極，則太極同於一物而不足爲萬化之根；不言太極，則無極淪於空寂而不能爲萬化之根（見《朱子語類》卷三十六）

「萬化之根」表明了形上觀的立場，而不淪於無物與空寂，則代表了朱子對形上觀的要求。這種求「存有」與「存在」內在統一並存的要求，不論是自認知主體或是認知歷程來看，都是完全符合的，這才是朱子提出「無極而太極」一詞的眞正用心所在，而這種用心，則是透過其認知系統方得以明瞭的。

二、陸子學說系統中「無極」的不必要性

象山在學說之中，很少提到「太極」一詞，他多半是以「理」或「道」取代「太極」，來進行各種論述。因此，象山論「道」或「理」的內涵，往往可以等同於「太極」的內涵。這種思想可以從象山與朱子的第一封信中看出來：

> 易之大傳曰，形而上者謂之道，又曰，一陰一陽之謂道，一陰一陽，已是形而上者，況太極乎（見《象山全集》卷二）

因此就範疇來看，「道」與「太極」皆屬形而上者，在相同的範疇內，故可互相取代。是以學生在論述之時，乃是取象山對「道」的定義，來說明「太極」的性質。

在本文第三章第四節中，學生曾指出象山對於「道」的認知，與其對「道德主體」的認知有著內在的一致性，也可以說「認知主體」的活動，即「道」的具顯。從「道」的自存自足，與內在於時空卻又不限於時空的特性中，可以得知其乃將規律與自由統一於一體。這種特質，同樣表現於「仁義之心」中。在象山的「心即理」思想中，這種視「道」與「良心」具有相同內涵的見解，最爲表露無遺。因此在說明爲什麼象山反對在「太極」之上，別立一「無極」時，即須透過「心」的活動來說明。

「心」之與「道」相通，自然是指「仁義之心」的活動，而非指「心」的其他活動，因此「仁義之心」的自我肯定與發用歷程，方爲「道」的再現。有關此「心」的活動歷程，學生曾以志於道、據於德、依於仁、游於藝等四部分來分別說明之，此處不再重複。於此，學生所要指出的是，由據德、依

仁所表現出來的，是規律、原則直接植基於主體之中，不必再有一上求的動作，只要透過「義利之辨」的價值判斷過程，從人心的自發處去找此一規律來源，即可發現。同時，在掌握到原理的內在於主體性之後，不再須要透過刻意的判斷行爲，即能在規律中自由的發用，是以在此心之中，沒有另一個可職活動的主體，被認知者亦即活動者。因此不論是原理的「存有」，或是活動的表現，都已包含於一心之中，可以由其中掌握到。有了這樣的一個前提，與「心」相通的「道」或「太極」，自然在主體之中亦已具備了原理存有，以及運行的特性，表現出圓滿具足的狀態，因此只要透過「太極」就能掌握到整體，無須再另立一「無極」來做爲主體存有的依據，這也就是象山發爲以下議論的原因所在：

> 夫太極者，實有是理，聖人從而發明之耳，非以空言立論，使後人籤弄於煩舌紙筆之間也。其爲萬化根本，固自素定，其足不足，能不能，豈以人言不言之故耶。易大傳曰，易有太極。聖人言有，今乃言無，何也。作大傳時，不言無極、太極，何嘗同於一物，而不足爲萬化根本耶。洪範，五皇極，列在九疇之中，不言無極太極，亦何嘗同於一物，不足爲萬化根本耶。太極固有自若也。(見《象山全集》，卷二〈與朱元晦書〉一)

根據以上的說明，可以了解不論是朱子論「無極而太極」，或是象山以「太極」即足以言「萬化根本」，不須再另立「無極」的見解，都是根據各自的知識論體系所得的必然結果，眞正的差異在於認知體系的互異，而非形上體系的是否建立的問題。因此，對於二者持論之比較與評述，自亦當以其認知系統爲背景來從事。

三、比較與批評

透過「無極而太極」爭論的產生，再溯源至朱子與象山二人的認知體系中，可以明顯發現到一個事實，那就是朱子明顯的區分出形上存有與活動二者之不同，象山則視二者爲同時並存。

在朱子的認知系統中，十分明顯的劃分出形上存有與活動的領域這一點，我們從他對「性」、「心」、「情」三者所下的不同定義上，就可以看出他對「潛能」與「現實」的清楚認知。「性」是屬於形上的存有，就存在而言，它只是潛能，不能有任何的活動；「情」則完全屬於形下的活動，就存在而言，

它是完全的現實，是以就概念而言，「性」與「情」二者是截然不同的。朱子能在當時的學術背景下做出這種區分，不能不說是其優於象山的一個地方。但是朱子努力的重點並不限於只是對不同範疇的概念做語言上的明晰分辨而已，相反的，他是在致力於如何將這兩個分屬不同範疇的概念，同時統一於主體之中。他的作法就是透過第三者，從承續的關係上找到二者的內在一致性，並透過這種前後關係的一致性來說明主體性的統一。這個第三者，就是朱子「心」的說明，而其任務，亦即朱子所欲解決的問題。

至於象山，正如同前段學生指出其不如朱子者，因對主體統一性的過分強調，以道德認知後的行為表現為統一點，是故往往忽略了範疇差異，將不同的概念同時放在一起。這一點可以由其不分「心」、「性」、「情」、「才」，視其皆為人之表現中得知。除此之外，象山往往亦僅就主體之不同來區分同異，如「在天者為性，在人者為心」，就是根據存有主體之不同來區分其異，是以對於概念本身範疇之不同，即不能明顯的區分出來。這也就是為什麼他既以「太極」與「陰陽」同為形上義，將「陰陽」的活動性質與「太極」放在同一層面上，復又以「太極」明為「萬化之根」的「潛能」意義而無疑。

因此，朱子與象山的「無極」之爭，不在於「心」與「理」的關係上的差異，也不在於形上建立的問題上，而是在於認知體系的不同。朱子透過「心」的中介作用，試圖在不同的範疇之間找到內在的一致性，從不同的角度來對主體做全面完整的說明，這一特點可以從他對認知歷程的說明——經驗認知與超驗認知的主體統一性——明顯的看出來。而表現於形上的，就是「無極」與「太極」的內在一致性與相需性。至於象山，則是從主體道德活動的表現中，來說明統一的可能性。他並非從各種不同的角度來言主體的多樣性的統一，而是從行為表現的具象中，從「游於藝」、「從心所欲而不踰矩」的自發性行為中，來表現主體的統一性。因此表現在形上學中，自然就是對只言形上實體存有的「無極」的否定。

第二節　「支離」與「易簡」的爭論

朱陸「支離與易簡」爭論的產生，在於象山於鵝湖赴會時所賦之詩，其中的一句「易簡工夫終久大，支離事業竟浮沈」。對於此番爭論，有人以「道問學」與「尊德性」目的之不同，來說明二人歧異所在。但從朱子認知歷程

的終點，在於對道德原理的認知；以及對其後運用此一認知所致力之「誠意、正心、修身」等行爲表現的肯定，這一點來看，朱子「道問學」之後的目的，仍在於「尊德性」。因此「支離」與「易簡」絕非「道問學」或「尊德性」的問題，而是方法論上的不同，是對同一目的下，入手方法不同的一個爭論。是以在討論之時，應以此方法在各自學說中的是否必要性加以著手，如屬必要，才能再就支持此一必要性之基礎來分辨二人歧異所在。

一、朱子「支離」的問題

象山以「支離」一語來批評朱子，原因在於朱子以「格物」、「致知」爲道德認知的前題，而象山則以爲其所言之「格致」爲一向外求取的行爲，無關乎道德認知，同時以外求做爲內求之先決條件，對象山而言亦是不必要的，是故他以「支離」來表達他對朱子方法的無法認同。但對朱子而言，由於他對道德行爲的認知，在於規律性的遵行，又以認知的原理、原則做爲此一規律的內涵，因此在求取道德主體的確立之時，勢必透過悟性的活動歷程，由其中求取活動的原理，以之做爲道德原理的來源。是以「格致」過程在朱子學說當中，是有著內在必要性的。

事實上，正如同學生於第二章結尾時所言，朱子雖然強調從外在經驗界求取一超經驗的內在道德律則，混同了自然屬性與社會屬性範疇上的不同，但因爲在對經驗界認知時，是以概念爲其對象，早已避開了自然屬性，以一己所具備之社會屬性做爲認知的基礎，以主觀性的原理來歸納客觀的現象界，因此並未眞正面臨由純粹的「窮理以致其知」，轉換至道德性的「反躬以踐其實」的問題。而就其整個認知系統的內容來看，道德認知的轉換，亦早已在對外認知時就完成了的，只是朱子本身並未明顯地意識到，並將之表達出來。這一點可以從朱子的以社會屬性取代自然屬性，以及一般批評朱子的認知系統並非基於科學的認知上得知。

二、陸子言「易簡」的問題

象山常以「易簡」來表明自己學說的立場，並以之訓示學生曰：

> 乾文言云，大哉乾元，坤文言云，至哉坤元，聖人贊易，卻只是個簡易字道了。遍目學者曰，又卻不是道難知也。又曰，道在邇，而求諸遠，事在易，而求諸難。故學者曰，這方喚作規矩。（見《象山全集》，卷三十四〈語錄〉）

由之可見，象山論學目的，在於以道德主體的建立爲一切所學之目標，這種要求可以從復齋的「大抵有基方築室，未聞無址忽成岑」一句中得悉。象山之所以以道德主體內在性之建立爲要務，主要在於他對「實然」與「當然」有著明顯的認知。他看到主體心在具體表現上，有著許多的可能性，道德行爲只是其中的一部份，因此道德的表現，固然有其先天條件，卻必須以人的志願來引導它。由此可知，道德主體的強調，背後關係著其對道德「應然性」的認知，而這種「應然性」，若非透過其認知體系，則是無法看出來。

此外，從象山的認知系統中可以看出，雖然他強調道德主體性的重要，但因在「義利之辨」的認知階段中，仍是以經驗界所提供的材料爲內容，因此道德規律與經驗界有著內在的相依性，也就是說道德規律雖內在於人，其內涵卻隨著經驗界而有不同之改變。道德行爲雖非必然實現，但在其可能性之中，是與經驗密不可分的，因此象山的「立乎其大」絕不可以唯心論觀之，而是有著某種程度的經驗內容的。

三、比較與批評

透過前面的說明，可以看出在各自的知識系統背景下，朱陸二人對「支離」與「易簡」的爭議，有著不同於以往所給予的意義。他們不再是目的性的不同，或是道德轉換處的互異，而是道德認知上的歧異。事實上，從其各自認知系統中，可以明顯地看出朱陸二人掌握到道德的不同特性，是這些特性、認知，左右了不同的方法論的產生，而非方法論左右了道德行爲的產生過程。

要明瞭朱子與象山道德認知的不同，首先得自二人對「格物」的理解著手。朱子「格物」的對象是經驗界的事事物物，他以爲萬物皆具其哩，但只屬於「殊別之理」，至於那更高於殊別之理的公理、原則，只有透過人類才能加以具顯。也可以說，是透過人類的認知活動來加以具顯。因此，在不斷的認知過程中，在不斷的辨識之中，人類才有直溯原理、原則處的可能，而「格物」，即是對那殊別之理的辨識。於此，朱子雖然有混淆自然屬性與社會屬性之處，但是他對事物的殊別性仍是加以肯定的，也可以說在「格物」的說明之中，有著對事物殊別之理的認定。象山則有所不同。象山自始至終都是對道德內在於主體性的強調，因此，他以爲「格物」的對象並非指經驗界的事物，而是主體內在活動中，那些不合道德性質的思慮活動。在這裏，「格」是

「格除」的意思，是滌除盡淨，代表著對道德主體的肯定。

　　且不論朱子是否實質上仍以主觀的社會屬性基礎來看待經驗界，從其整個認知歷程來看，朱子是致力以經驗界的規律化來做爲道德認知的基礎的，也可以說，他是以經驗認知的原理、原則來規範道德、定義道德的。由此可知，朱子的道德原理實來自於其悟性原理，這一點可以由其將道德判斷行爲，放在道德主體認知之後看出來。至於象山，由於將「格物」視爲道德判斷時的選擇活動，因此他是將道德判斷行爲放在道德主體確立之前，強調在價值的選擇活動過後，透過選擇原則的內在自發性，才能確立道德原則的主體性，因此是以自發性作爲內在價值原則的確立。於此，象山對道德主體的確立，有著較朱子遠爲深刻的內在要求特性。人類對道德的內在要求，固然絕非純粹基於感情，卻也不僅是對悟性的服從，而是必須求得感性與悟性的統一才能產生的。朱子片面的把握了規律性，亦即悟性的原則，只是對人類的道德要求中理性層次的把握，至於象山則清楚地意識到此二者的統一，能透過內在的自然要求來掌握其統一之處，因此雖未明確地指出規律的內在性，卻能在義利之辨中把握了規律的精神，較諸朱子更爲深刻。

結　論

　　經過了二、三章對朱陸「認知系統」的舖陳，以及第四章的比較可以看出，朱陸二人對道德的特性有著不同的認知與掌喔。朱子由於重視經驗界的價值，以之為道德認知活動的前題，因此可以說是對道德的社會性有著比較深刻的認知。象山則掌握了道德行為的出自內在要求，對人類的自主性加以肯定，因此對道德的內在於主體的選擇性有著較多的了解，也可以說是對道德規律的自由運用特性較能把握。而此二人對道德的不同認知，方是引起各種爭議的原因所在，此亦即學生嘗試自認知系統著手所獲致的結果。

參考資料

一、參考書籍

1. 《朱文公文集》，台北：臺灣商務印書館，民國 69 年 10 月臺一版。
2. 《朱子語類》，台北：漢京文化事業，民國 69 年 7 月 31 日。
3. 《宋朱子年譜》，台北：臺灣商務印書館，民國 71 年 5 月初版。
4. 《象山全集》，台北：臺灣中華書局，民國 68 年 7 月三版。
5. 《宋元學案》，台北：臺灣商務印書館，民國 69 年 1 月 1 日。
6. 《陽明傳習錄》，台北：世界書局，民國 68 年 6 月四版。
7. 清・鄭之僑：《鵝湖講學會編》，台北：廣文書局，民國 64 年 4 月初版。
8. 錢穆：《朱子新學案三》，台北：三民書局，民國 60 年初版。
9. 錢穆：《朱子學提綱》，台北：東大書局，民國 75 年 1 月再版。
10. 蔡仁厚：《宋明理學》，台北：台灣學生書局，民國 72 年 9 月再版。
11. 勞思光：《中國哲學史》，香港：崇基書局，民國 69 年 11 月三版。
12. 劉述先：《朱子哲學思想的發展與完成》，台北：台灣學生書局，民國 73 年 8 月再版。
13. 陳榮捷：《朱學論集》，台北：臺灣學生書局，民國 71 年 4 月初版。
14. 徐復觀：《象山學述》，台北：民主評論。
15. 孫振青：《宋明道學》，台北：千華圖書出版，民國 75 年 9 月 15 日初版。
16. 林繼平：《陸象山研究》，台北：臺灣商務印書館，民國 72 年 5 月初版。

二、參考論文

1. 成中英：〈論王陽明「朱子晚年定論」與「大學問」所涵攝的知識問題
   ——兼論朱子「理」的創見〉，《傳習錄》第二期，民國 72 年東吳大學哲
   學系。

2. 曾春海：〈朱陸心性論比較〉，《東方雜誌》復刊第十九卷第二期，民國
   75 年，台灣商務印書館。

3. 曾春海：〈探象山心學旨要〉，《東方雜誌》復刊第二十卷第六期，民國
   75 年，台灣商務印書館。

陸九淵人格教育思想研究
——以「生活化儒學」爲中心

張念誠　著

作者簡介

張念誠，民國 48 年生，中央大學 70 級中文學士、81 級中文碩士、92 級中文博士，現任教於台南崑山科技大學。博士論文是《楊簡心學、經學問題的義理考察》，單篇論文有《熊十力、印順儒佛論爭研究》、《以漂泊、掙扎、尋覓、歸屬的主軸架構，詮釋張系國地、笛、紅孩兒的義理世界》及《楊簡心學定位的兩個問題》等。另有《我們該感恩死亡那些教導？》《人生有公平正義嗎？》《道場何處覓？》《明師何處尋？》《尋找一個受教的人》、《尋回自性本具的信德》等多篇哲理文散見於弘一月刊。

提　　要

　　本論文寫作動機，係有感於陸九淵（象山）在中國義理學的定位中，雖被崇隆為孔孟之後能扣緊儒家本質承續的第一人，然歷來學者對象山學之研究，卻總睽隔著象山「非分解說」的表達方式，始終未能交出相應於象山之生命特質去講明的可觀成績，故筆者爰以「生活化儒學」的論點為主軸，深入解讀《象山全集》文本中隱而不見的「人格」與「人格教育」精神，俾使象山學得以獲致其本質內應有的講述；在此研究目標下，本論文之性質乃不同於一般以「問題意識」為核心，用以尋求答案或解決的研究方式，而唯在相應地契入象山之生命血脈，使能整體豁顯象山生命造詣之實。

　　本論文爰分六章，第一章重點唯在對「生活化儒學」之意涵有所規定，以利於爾後各章之順遂開展；第二章乃在「生活化儒學」的討論基礎上，以象山〈年譜〉所載之行儀為主線，探討象山「生活化儒學」的具體內容，係由生命「體驗」（驗之於「體」，並以「體」驗之）所開啟的整全踐道生活，此中存在著「生命」與「生活」相互指涉互動交流的內在聯繫。第三章則將視點純粹還原到象山「生活化儒學」何以成立的實踐依據，此即象山人格教育思想－本體實踐學中「心即理」說與「本體實踐之理」內容之揭示，前者著重於象山證道境界整體性精神之疏解，後者側重於象山內在心行如何縝結的分解理論步驟說明。第四章則承續第三章之討論基礎，契入象山具體的踐道情境與存在實感，對所以達成本體實踐學的工夫論——立志、剝復與優遊之義深切闡明。第五章則將重點擴大擺置於象山之講學背景，具見象山講學活動所蘊含的深度意涵，及其施教方法背後所透露的教化原理，並舉實例窺探象山人格教育之施教原則與絕對精神，最後以象山講學之生活實錄作結，用以豁顯象山「人格」與「人格教育」之整體精神，準此本論文乃能以「生活化儒學」為主軸，首尾貫串，一氣呵成，達致筆者寫作目標所蘄向的講明成果。

謝　詞

儘管「大恩不必言謝」，但言謝其實只是做人該有的起碼本分而已。

首先，我要感謝菩薩化身似的母親——莫金喜（佩嫻）女士，卅五年來隻身照撫我家三姊弟順遂成長，並一向予我無論在那一種人生情境下永遠不變的鼓勵與支持；如果沒有她辛苦付出，我無法想見今日自己是何等情狀。

其次，我要感激在我青少年階段，曾經予我適切人生指引的行者——那已圓寂多年的慧峰法師，研究因明學的水月法師、主編〈龍樹〉月刊的陳慧劍居士，和生活上照顧我獨多的依觀尼師；以及高中時期予我人格甚深啓發的師長——今在新竹中學任教的黃美慧老師、在岡山高農春風化雨的王淑櫻老師，及在新化高中無私奉獻的施淑蓮老師；她們的人格風範，恆然是與我一般擁有深刻感受的學子所普遍記取的。

再者，我要感謝慈濟功德會證嚴上人，容准我在靜思精舍掛單三個多月，體受大乘行者是如何將其內在涵具的美德與能量，達到個人行持與社會實踐密縫無間的充盡發揮；在那裡，我也看到大智慧的修行者，是如何以生活行履將儒家與佛法精神達到完美的詮釋與融合；所謂人格的「不言而教」與「不言而信」，我是實際有所領會的。

除此，我亦要感激中大中研所這三年師長的教誨——屢屢引發學子生命實感與心靈躍動的王邦雄老師、曾昭旭老師，外嚴內慈講授經學史的林慶彰老師，及予我實質教導亦師亦友的林安梧老師；凡此都是我永記在心銘謝不盡的。

還有許多一直鼓勵著我的大德，此如任職北市教育局的林秀美女士、中壢慈濟委員周樛木、周陳銀令伉儷、青年日報副主任陳錦生大德、蕙質蘭心

的楊中琳居士、六和高工默默付出的黃照今老師、楊秀榮老師，乃至研究所
張霖、世榮、俊裕、雪卿、翠雲諸同學的砥礪互勉，都予我甚深啟發。

　　此外，要感激內子楊美鳳女士，包容我在婚後四年之間，幾乎無法為家
庭經濟盡到應有的責任，沒有她的體恤諒解，我是必然無法完成學業，並得
以在小女張勻出生之後如期進行論文寫作的。

　　最後，容我向有情世間跨步於生命真理途程中的識與不識者，致以深切
的祝福與敬意。

民國八十一年五月　於中央大學中研所

張念誠　謹識

第一章　導　論

一、研究動機與目的

　　歷來研究儒家義理的文章、書籍汗牛充棟，儘管各人理解的程度不盡相同，但將孔、孟、陸、王視做儒家正宗卻是中國哲學史上普遍形成的共識。奇妙的是，當筆者檢索有關南宋大儒陸九淵（字子靜，號象山）的文字資料時，駭然發現其稀少的程度與討論孔、孟、陽明的文章相較簡直不成比例；〔註1〕探其原因，或與象山之學較少創鑄一套嶄新的義理，及其全集內容多以非分解的方式攤開呈現，致較不利於以認知心爲進路的學術研究有關。然以上實存之侷限果眞順其如此不必尋求突破，致令陸九淵（號象山）之人格血脈在今日以學術分析爲重的環境中任其湮沒荒蕪？或抑吾人可以相應於象山學之本質特色，掙開原本可以不是葛藤的枝節纏繞，以直接照見象山學之生命造詣並如實講明彰顯呢？

　　筆者不能隱諱這樣的事實：任何論文或書籍其所以形成那樣的樣貌與特色，除非該論文之性質全然是邏輯一類的中性文字，否則只要多少牽涉到價值與生命，則該論文便不可能完全擺除作者的影子；同樣地，本論文之內容也無法做到實證科學所要求的絕對「價值客觀中立」，因爲在筆者質實的思維

〔註1〕單舉中國哲學史爲例，勞思光先生近九百頁的著作中，象山學只佔微薄的十八頁，不到朱子學的六分之一；馮友蘭的《中國哲學史》則有一千餘頁，然言及象山學者卻只七頁；韋政通的《中國思想史》近一千五百頁，然言象山學者亦僅二十二頁，如果他們眞視象山爲孔、孟之教一千五百年後能扣緊儒學本質承續的第一人，則他們如此冷落象山的寫作態度，顯然不無疏漏之處。

認知裡，此種「價值客觀中立」的態度用於中國生命修養之學，其所代表的殊非真正之客觀中立，反而此種理解方式更可能是未能契入此修養之學的真髓而不相干。可以這樣說，筆者素來讀中國聖賢書的一貫態度，縱使不是刻意為之，但總誠願此心與古聖先賢的心靈遙相呼應，並總筆要有點真切實際感受才會感到落實而歡喜；在此種自然而然的薰習濡染中，筆者衡度實際人事的態度不可能不受到影響。筆者以為，中國生命之學直截是很平易無華的，準此筆者讀某些形式上很高妙的文章儘管能平心拜讀，但往往不如某些平實得經過生命提煉出來的文章更能深契我心；同樣地，筆者選取論文題目的原則也是如此，或許某些題目有其客觀學術研究之價值，但總不如平實地可以會通到吾人的深心一如象山之學者更能吸引筆者投入。所以本論文所呈顯出來的形式與內容，如果未能完全符合某些人士心目中現代學術論文必須全然是客觀知識之要求，乃或本論文多少在一般學術論文的框架下表顯出另外一番精神特色，都應歸因於筆者雖似無意、實則有心的作為。

　　準此本論文如果真有所謂研究動機與目的，而不只是格套似的虛說，則筆者衷心禱祝，本論文能較相應地寫出《象山全集》文本之外隱而不見的人格精神而已。在此筆者亦不已於言地抒發長久以來如鯁在喉的存在感受，我們目前學術的大環境與體制設計，實在不利於鼓勵有心嚮慕中國文化的學子進一步投入古聖先賢的實踐修養脈絡，致令許多原本可以是道德實踐之契機常被學術知解的要求所取代，久而久之，無意間造就廣大學子「頭重腳輕」（「頭重」者，係指頭腦裡裝了過多消化不了，卻自以為有所得的客觀知識；「腳輕」者，即指昧於每一個當下都是可以雙腳著地的實踐時機而雙腳蹈空）的異位情狀，或視所謂道德實踐只是懸在線裝書裡的「神話」也就不足駭怪了。〔註2〕

　　如果允許筆者不必汗顏地自我表白，則本論文與其說是客觀研究陸九淵（象山）學術，勿寧說筆者只是努力就一蹩腳的踐道者之生命實感與實踐情

────────────

〔註2〕　筆者之意，非謂今日學術環境與體制設計，當為學子普遍無視於中國文化中最可貴的「生命之學」總負其責；筆者相信，真正之踐道者，應有在任何因緣中都能成就其價值自我的勇氣。筆者所以發抒胸臆塊壘，乃是有見於今日學術界「主智」的傾向極度擴張，知識人格與道德人格無干的情形十分普遍；一般民眾只要想到學術界，腦中第一個印象，立刻與「派系鬥爭」或「我執深重」聯想在一起，以致當其感受到有「生命修養」或「心靈依歸」的深刻需求時，往往只知求諸宗教界，而渾然未思及學術界──尤其是中文系的人文教育，亦可部分提供這方面的想望之實現；準此而言，學術界之負面形象阻窒了一般民眾汲取中國本有的生命泉源，顯然是值得深思檢討的。

境，嘗試去講明象山之人格精神，並試圖在字裡行間恰當賦予筆者一向對「生活化儒學」〔註3〕的關心，如此而已；儘管這樣微薄的想望在此智識化時代也顯得「高調」而不切實際。但無論如何，高調也好、不切實際也罷，筆者這麼一點點空疏的精誠總是自知自明、可免求人的，這也算是另外一種形式的「當下具足」罷！

二、題目與題旨之界說

本論文名曰《陸九淵人格教育思想研究——以「生活化儒學」為中心》，首應就「人格」、「人格教育」、「人格教育思想」與「生活化儒學」之義加以講明，使論文題旨大致有所勾勒。

所謂「人格」一詞，歷來學者們所下的定義十分紛歧，諸如：

1、人格乃是個人適應環境的獨特身心體系（G. Allport）；

2、人格乃是可以用來預測個人在某一情況下所做行為反應的特質（R. B. Cattell）；

3、人格乃是決定個人適應環境的個人性格、能力或生理特徵（H. Eysenck）；

4、人格為個人特質的獨特型態（J. P. Guilford）；

5、人格為個人行為細節的最適切界說（D. Mc Clelland）等。〔註4〕

儘管上述定義有其一定的準確度與適應性，但類似這樣的定義乃是可以發明不盡的，且落在不同的學科範疇中，其指涉的人格概念也難以統合一致，故不足以符合本論文研究性質之要求；然以上諸說不為筆者採用的根本原因，則係以上定義基本上是將人類視為一「客觀地實有」之觀點而假設成立，略過了吾人經由心靈修養所達致地「既存有又超越」的生命層面。

故錢穆先生曾云：「中國人辨別人品，又有雅俗之分。俗有兩種，一是空間之俗，一是時間之俗。」其下錢先生乃加以解釋：「凡限於地域、時代，不能與異地異時之人相通者——此謂小人俗人。反之，大雅君子不為時限不為地限，到處相通。」〔註5〕可見在中國道德實踐學的理解中，「人格」所指的不必單指

〔註3〕「生活化儒學」之界說詳見本章第二節；就本論文之架構言，各個章節所論重點雖有面向之別，然以「生活化儒學」為主軸加以貫穿卻前後一致。

〔註4〕以上「人格」定義參考劉安彥《心理學》一書頁323，三民書局，71年4月再版。

〔註5〕見於錢穆《國史新論》197頁，東大圖書公司，78年3月增訂初版。

某個具體人物的特殊人格，而須是一可以經由主體修養任何時空之人皆可企及的普遍人格。準此，錢先生復云：「一個人的理想境界，可以是每個人的理想境界。」「個人人格必在普通人格中規定其範疇，聖人只是一個共通範疇，一個共通典型，只是理想中的普通人格在特殊人格上之實踐與表現。」〔註6〕故本論文指涉的「人格」亦可如是視之：所謂「人格」，乃是踐道者即其天生本具的氣質稟賦基礎，自覺地就吾人內在所蘊藏的心靈無限世界資源加以實踐開發，以企及於生命眞理整體豁顯所達成的價值自我完成與實現之謂。

有了上述中國道德實踐學中「人格」意義的講明，則所謂「人格教育」之義乃大不同於今日所習稱的「五育並重」中之德育意涵。錢穆先生曾云：「中國儒家此種教育理想與教育精神，既不全注重在知識傳授與職業訓練上，更不注重在服從法令與追隨風氣上。其所重者，乃在擔任教育工作之師道上，乃在堪任師道之人品人格上。」並言：「中國傳統教育之主要精神，尤重在人與人間之傳道，既沒有如各大宗教之有教會組織，又不憑藉固定的學校場所，只一名師平地拔起，四方雲集，不拘形式的進行其教育事業，此卻是中國傳統教育一大特色。」〔註7〕又云：「教育重在教人，但尤重在其人之能自得師。最高的教育理想，不專在教其人之所不知不能，更要乃在教其人之本所知、本所能。」「教者與受教者自始即在人生同一水平上，同一境界中。此是中國教育思想最主要之綱領。此種所謂教，則只是一種指點，又稱點化。」「中國教育所注重乃是一種全人教育，所謂全人教育，乃指其人之內在全部生命言。」〔註8〕由以上徵引錢穆先生所言中國道德實踐學之教育特色，準此本論文「人格教育」之意涵亦可如是界定：所謂「人格教育」，一方面固爲人格堪爲型範之施教者對受學者之生命實存狀態加以指點，使其內在本具之良知良能獲得啓發；另方面也是受學者對施教者人格所透顯之生命整體主動地濡染學習，並依其指點如實加以踐履使內在生命得以成長之謂。換言之，必得是上述施教者與受學者之心靈互動所形成裨益於人格提升的創造性學習，方可視爲道德實踐學「人格教育」之基本界定。唯須補充的是，此「人格教育」大抵是在「基本型態」〔註9〕的生活時空中進行，所以師生間不可避免會有「人際關

〔註6〕 出處同註5，頁126。

〔註7〕 同右，頁195、199。

〔註8〕 同右，頁236、237。

〔註9〕 所謂「基本型態」乃是最早的教育型態；它係透過師生面對面個別而單線的直接接觸，以達成多方面教育效果的教學方式。這種教學方式之所以稱爲「基

係」之存在；此如先天氣質的投契程度、年齡差距、第一印象〔註 10〕、及師生關係建立前彼此一連串的生活背景（如某些弟子不時往返於儒佛二界，或在不同師承之間有過程度不等的接觸），此都可能影響師生間「人際關係」之內容，並直接干乎師生「人格教育」實施效果之成敗；所以嚴格說來，「人格教育」在一眞實活動的人生背景下，應是一絕對立體、各方因素夾雜互動的繁複面貌；但在歷史眞相恆難得知的必然侷限下，本論文依全集文本所示之生活內容加以討論，則已夠滿足我們正面彰顯象山「人格教育」精神之基本需求；當然，經由「人格」與「人格教育」意涵之界定，我們可以發現上述界定與世俗標準所看重之實際事功、歷史成敗未必相干，此因「人格」與「事功成敗」乃分屬兩個不同之界域，故兩者若能兼籌並顧、相互助成自爲吾人所樂見，然終不可以「人格」若無助於「實際事功」之達成，遂一逕否定「人格」與「人格教育」之完整價值。故錢穆先生言道：「無表現的人物其影響與作用，未必遜於有表現者。如孔子、顏回，他表現的便是他這個人，而非表現在他做的事。」「講周公，自然要講周公的事業。孔子無事業可講，就只得講他這個人。然人的影響勝過事的影響，所以孔子在後來歷史上的作用反在周公之上。」〔註 11〕同樣地，南宋大儒陸九淵（號象山）由實踐修養所致之「人格」與自覺從事的「人格教育」也應如是等視，並就其在中國道德實踐史或中國教化史上之份位予以恰當地表顯與敬重。

以下即可在上述「人格」與「人格教育」之討論基礎上，就本論文所研究「人格教育思想」之義試加界定。所謂陸九淵（號象山）「人格教育思想」之義可指向兩個範疇：一爲象山所以成就其爲人格型範之道德實踐依據，此即本論文第三章所研究陸九淵本體實踐學之義理規模──「心即理」說、與

本」，乃因它是最原始、最單純的普遍形式，從教育史的發展來看，基本型態乃是先於其他型態（如「班級型態」、「教育企業化型態」）而存在，我國昔時私塾和書院講學皆屬之；從啓迪受學者之「人格教育」而言，只要施教者之人格足以感召群倫，則「基本型態」之教學方式顯然是最直接而有效的。關於「教育型態」之相關理論，詳見郭爲藩所寫〈從教育型態的推移，看師生關係的轉變〉一文，師大教育學報，59 年 6 月創刊號。

〔註10〕所謂「第一印象」其涵意頗爲複雜，此如人與人第一次直接面對交談，留給對方之心靈感受固然屬之；然間接由他人口耳相傳，或只是遠距離匆匆一瞥，或只聞其聲未見其人，乃或單純由書札之閱讀所獲得之感觸，也可視作廣義的「第一印象」。

〔註11〕同註 5，頁 268、274。

「本體實踐理」思想之揭示，以及第四章陸九淵「本體實踐之理的工夫論」內容之探索；二則爲將視點具體實在的擴大擺置於象山講學的眞實背景，以窺象山本體實踐學之施教方法，及此方法運用背後所透露的教化思想，此爲筆者第五章所研究之重點。要提醒的是，筆者上述兩個方向之界定，實在是預先隱含了不只將「思想」視爲尋常概念的所謂「思想」之義，故錢穆先生曾云：「中國思想家同時必是一教育家。中國人看重思想家，不僅看重其思想與著作，同時必看重其人，看重其實際人生中之一切行爲。」「中國思想之後面，必有一番全部的活人生在內。」「如欲研究中國思想，不僅當把此思想家之爲人及其眞實人生加進，又必把學者自己之人生加進，始可以有眞體會、眞認識。」「有眞行乃始有眞知；非如一般哲學，可由邏輯辨證種種思考方法推演而得。」〔註12〕有見於此，本論文之寫作雖以不違背現代學術論文之基本形式爲原則，但行文脈絡間仍然盡可能不落鑿痕地，相應於上述研究中國思想必得將該思想家之眞實人生及學者自己之人生體會融入的觀點加以發揮，俾使更能相應呈顯中國道德實踐學之精神與特色。

最後所要界定的，乃是筆者賦予極大關注的「生活化儒學」之意涵。所謂「生活化儒學」，當然不能自外於一個擁有形軀存在之「自然人」所必須面對、經歷的一切實然問題，此諸如吾人身心之成長有其無法躐等的人生階段，故從嬰兒呱呱墮地伊始，以至身心官能完全健康長成，都無法避免和除我之外一切可能的人事發生程度不等的接觸；關於此等實然問題，心理學或社會學自然可以提供更爲詳盡的相關知識，此皆有其客觀研究的準確度，自爲「生活化儒學」所不能割截捨棄；然「生活化儒學」之義當然不止於處理人生的實然問題而已；故此處我們須對「生活化儒學」之「生活」有所規定：此即所謂「生活」，當以先前界定之「人格」觀點加以建立；換言之，此「生活」應是吾人即有差別對待、矛盾衝突、客觀限制等等不圓滿的人生實然格局中，開展吾人以價值人格之建立爲宗的「整全踐道生活」，而非無干於人格自覺所形成的「脫序生活」。

爲了方便對照以上兩種生活之差異，我們有必要對所謂「脫序的生活」之意涵加以講明。如果不是有意地加以忽略，則我們觸目可見社會上許多「脫序的生活」之成因，大抵是當事人以「唯我獨尊」之「自私」、「自利」、「自愛」等觀念爲生活行爲之指導原則，而造成「生活的分裂」或「生活的壟斷」。

〔註12〕同右，頁 232、233。

換言之，彼等在現實生活中所欲見的「眞理」，皆須通過「它是否令我滿足」、「它對我是否有利」的張孔來窺見，並總是要迫使「眞理」來遷就其狹小的「個人意願」才能算數；準此，遂將一原本可以是朗朗乾坤的生活，依其「唯我獨尊」的生活觀點，割截爲許多重要與不重要、首要與次要、有價值與無價值等等差異之分別意識，而失去了生活的整全意義與實質內容。

相對於此，則筆者賦予「生活化儒學」之「生活」界說亦可進一步條列講明：

1、首先，我們要視「生活」爲全程而非可以「半途而廢」的漫長歷程；

2、其次，我們要視「生活」爲需要滿全、需要充實的「入世」行動；

3、再次，我們要視「生活」爲必須不斷追求其最高價值人格之實現與完成。

首先就第一點來說，此處雖強調生活之「不可割裂」，實則此乃是正視生命之不容許被割截而隨便安置；換言之，我們不能憑藉一時之情緒好惡，而對生命中的某些片段任意取擇判其去留。因爲自消極的觀點來說，我們對生命是無法也不應給以「部分否定」或「整體否定」的。同樣的，生活也是如此。此因全程的「生活」即是我們全部生命最直接的投影，無眞生命乃無眞生活可言，故「生命」與「生活」之間顯然是可以互相檢證的。再就積極面來說，第一點所強調的乃是生命之「未濟性」，此即人生途程中每個片段所表現的生活都無法完全涵蓋我們生命的全部意義，所以正是爲了讓我們的生命得以全部意義的彰顯，故須通過「生活之全程」以自強不息地實踐到底。

其次就第二點而言，筆者所以視「生活」必須充實化、滿全化，乃是著眼於生活本身就是無法脫離實質地現實生命的；在此所謂「實質地現實生命」，係指生活並非由我們憑空想像所能捏造，而是相應於現實存在的生命基礎而建立起來的，所以它必須在投入使生活滿全、充實的入世行動中，才能賦予此生活以眞實的意義。

最後就第三點言，我們之所以認爲「生活必須不斷追求其最高價值」，乃是有見於人除非沒有自覺的能力，否則只要稍有自覺的觸發，則人類都有渴盼使自己的生命從機械的因果原理之支配、及動物性妄動之本能箝制中脫離出來的根源性要求，而這種要求最後也必將在其對生命眞理之體認業已整體開顯掌握之時，回歸到在日常生活中的每個片段都緖結著「意義」地加以落實，準此，才是最高價值人格具體的完成與實現。

　　綜合如上界說，我們可對本節闡述的觀點加以總結，此即：筆者賦予「人格」「人格教育」「人格教育思想」之義，皆係在「生活化儒學」的基礎上建立，而非指向業已變質、異化的「智識化儒學」或「帝制化儒學」；〔註13〕儘管不容否認，在歷史可能荒謬、弔詭的演變塵沙中，「生活化儒學」之經常不被看重或有意忽略，乃至屢被與「智識化儒學」「帝制化儒學」混同而難以辨識，乃是歷史上不爭的事實。然「生活化儒學」之可貴，當然也是即於此種可能被賦會、誤解的艱困背景下表顯其經受得起試煉地特色的。除此我們也應正視，「生活化儒學」理論上雖可建構成立，然一旦置於以認知心爲主軸的客觀研究中，便馬上顯現出難以將其「立體直貫的超越精神」勉強去牽就「平面冷凝之認知理趣」的先天限制；舉例來說，如果我們要求以「生活化儒學」的觀點來寫一部中國道德實踐史，我們勢必無從眞正得知各個踐道者之生活存在情境，與其從事道德實踐途程中心路歷程之艱辛，以致無法將踐道者「生活化儒學」的具體內容恰如其分地揭露出來。但無論如何，「生活化儒學」仍是中國文化最能感召人心的一縷精神，仍是值得有心之士嘗試努力並加以研究發展的。

三、研究方法與態度

　　研究陸九淵（象山）心學委實有簡易及困難之處，首應加以論說。所謂

〔註13〕 所謂「智識化儒學」，乃指昧於儒家要求吾人正視自己之實際存在，並在具體而微的生活當中當下「實踐」的本質精神，而將儒家在歷史中因推展教化之須所自然建構的思想義理，簡單地依其認知思維之興趣，割截成平面可供思維馳騁的認知對象，即此而言，「智識化儒學」可視爲提供了較高級的概念活動的遊戲場域，而與其實際涉及的個人生活世界，乃或更大空間的整體時代脈絡沒有「價值層面」之相干，致令不少無識於儒學眞正本質者，遂誤以爲儒家只是如此而生輕慢之心，阻窒其進一步認識儒家之機緣。然破壞儒家形象更鉅者，則爲表面尊崇儒家，實則凌遲宰制儒家生命眞髓的「帝制化儒學」；所謂「帝制化儒學」，乃是基於現實政治利害的形勢基礎，將儒家在歷史長河演變中因各種主客觀因素所形成的雜多面向（儒家兩千餘年來經由素質不一的人物參與投入，以致可供正負面利用、詮釋的資源自然也相對地豐富），別有企圖地加以採擇標舉，以利於鞏固政權，強化其對社會各階層思想之箝制與駕馭，故「帝制化儒學」與其說是正面肯定儒家，毋寧說只是以表面形式之崇隆，掩飾其內在玩弄儒家與百姓於股掌間的卑劣手段而已；一旦現實政治的形勢基礎轉向，則它又可將前此表面之崇隆來個一百八十度的大逆反，硬將儒家扣上封建、保守、復辟、落後之類的大帽子，以推卸其所當擔負地政治責任之過失。

「簡易」，蓋指象山文本純粹昭然見於全集，故不必多就考據、訓詁等外緣工作再加著力。據象山全集（本論文文本《象山全集》，主要採用中華書局 76 年 2 月臺四版，內文若有疑義者，則參考商務書局 68 年 4 月臺一版；另為避免將引文出處置於注釋中，形成讀者閱讀時前後翻索之干擾，爰將出處一律載於引文項下，俾使更為簡明。）目次可見，一至十七卷全係象山與友人論學書札，十八卷至三十六卷分別為奏表、記、序贈、雜著、詩、文、行狀、誌銘、程文、拾遺、行狀、語錄與年譜之彙整，故只要稍加揀擇去其蕪蔓，則可資論文研究之部分便清朗俱現。

　　至於所謂「困難」，則指象山心學雖係直承孔孟之教，〔註14〕然依筆者之見，《象山全集》所呈顯出來承自孔孟之教的樣貌，卻非只是單純承自孔孟義理的相同再現而已，而應視為：此樣貌乃是象山以其天生稟賦的聖賢氣質，將孔孟義理以自家生命之體驗加以涵融消納，再依個人內在心行所體證的境界整體性揭露出來；故象山學如果真定位為承自孔孟，則不可單獨視象山為知性地承自論、孟二書之義理，而應視象山是在「踐履地上」直承孔孟義理之生命與精神。準此，我們固不能簡單地視象山學只是孔、孟義理的結合，或以為領會了孔孟即等於掌握了象山，而忽略了孔孟之學在象山體驗式的涵融消納過程中，其實已摻揉了其內在心行所證悟地「殊別」的部分；故我們亦可說，象山對孔孟之教的直承，乃是通過其「本體實踐」所開展的「本體詮釋」之直承，而不是經由學術知解所泛然認定之直承。在這樣理解的基礎下，則不可諱言的，我們似乎很難得知象山在生命修養上與孔孟的真正距離，但可以肯認的是，此種通過「本體實踐」所實證的直承才是第一義諦的直承。如此讓我們回到筆者先前所謂研究之「困難」，則係當吾人選擇一論文方法意識去面對象山時，若只徒然以文字分析或概念思考的方式來接近，總似不夠真切的隔了那麼一層；但若嚴格責求學者必須「有真行而後有真知」才能從事象山學之研究，則這種過當的責

〔註14〕牟先生認為象山「無概念的分解，其分解全在《孟子》，他是預設《孟子》以為本據者。」「他是孟子後唯一能懂孟子，與孟子相應者。」「語錄有云：『夫子以仁發明斯道，其言渾無罅縫。孟子十字打開，更無隱遁。蓋時不同也。』只有象山能說出如此恰當相應之語，蓋真能得孔孟之教之實者。」以上所引見於牟氏《從陸象山到劉蕺山》頁 4，學生書局，73 年 11 月再版。
　　勞思光先生則將宋明儒學劃分為初、中、後三期，認為後期──「陸王之學」以歸向「心性論」為特色，與孔孟之說本取「心性論」模式相同，故判定陸王之學應屬最接近先秦儒學之本意者。以上所言詳見勞氏《中國哲學史》（三上）頁 489、490，三民書局，70 年 2 月初版。

求也不是任何學者所能承擔的。再者，我們也無法無見於象山所使用之語言大抵是用以啓發人心之語言，而這種直指人心的語言之使用儘管未必利於知性論文研究，但若將它安置於一眞實、活動的人生情境中，則此種語言之裨益於受學者道德實踐之提撕卻是大有作用的。可以這麼說，在道德實踐學的領域中，最可貴的語言往往不是一大套高之又高的形上思想或知識語言，反而是一些平實得與每一個生命直接相繫的「生命語言」，此種「生命語言」是如此簡單、平實、赤裸裸呈現，故它「眞誠」得簡直不堪受學者動用分別意識或概念性思考去面對，唯恐一旦以分別意識去揣度臆測，不僅可能污衊了此「生命語言」聖潔之本質，亦且顯示自家心態所可能內具的不誠與不敬；而不可否認的，象山所使用之語言顯然即洋溢著此種「生命語言」之特色的；而此種「生命語言」一經呈現，它又確實存在著筆者所謂不堪受學者動用分別意識去計量把捉的特性，故縱使吾人能以「虔敬之心」去分析此「生命語言」，我們也很難窺見其中有若何概念性思考所欲探求的概念性內容，此諸如「古人皆是明實理、做實事」「人之爲學，貴於有所興趣」「須知人情之無常，方料理得人」「束書不觀，游談無根」「自明然後能明人」（卷三十四語錄）、「不可自暴自棄自屈」「退步思量，不要驚外」「須是信得及乃可」「溺於俗見，則聽正言不入」「正言正論，要使長明於天下」「誅鋤蕩滌，慨然興發」（卷三十五語錄），像以上筆者隨手揭出之引文，顯然即是象山用以啓發人心之「生命語言」，它是如此簡單平實、眞誠直接，故簡直沒有概念性思考之研究者所能自由運思之多餘空間，也無怪歷來對象山之研究，往往難以長篇大論的完成一部著作，而只能對象山學做一些基本思想如「心即理」說之知識性陳述，然則這樣簡略的知識性陳述對象山學整體生命之闡發能否克盡其實，顯然是不無疑義的。故總結筆者所謂研究象山學之「困難」，一則爲研究者當如何抱持一諦當、相應的主觀態度，及找到一個最適切的基點，以契入象山生命造詣整體性揭露之問題；二則爲吾人當知如何面對並處理象山文字中無以計數地——看似無「實質內容」，其實卻是象山生命最直接顯現的「生命語言」之問題。

首先就第一個問題來說，筆者不敢稍有掠美而必須誠實披露，當筆者早先檢索拜讀象山學之相關資料然總覺不夠貼切之時，幸運地覓得一篇相契吾心之指引，此即林安梧先生所寫〈象山心學義理規模下的「本體詮釋學」〉一文，其中林文對象山「生活化儒學」論點之揭出予筆者諸多甚深之啓發，爰乃徵得林師允准引用，故本論文之主要間架大抵即承沿林先生大作觀點加以

開展擴充；當然，筆者也深知任何一個論點之提出都有其勝場與相對之限制，本論文「生活化儒學」觀點之揭示也無法例外；此如吾人固可就何以須從「生活化儒學」觀點來講明象山學之理由加以說明，並對「生活化儒學」之意涵稍加界定，然若一旦溢出本範疇，要求筆者即象山歷史中絕對無誤之實際生活面貌，比如從象山之婚姻狀況、親子關係或人際交往、經濟生活等層面實質性的討論，以具體觀察象山之人格精神，則此種近乎「流水帳」式一一分殊生活切面之究詰，固然更為精確直接，然此顯非筆者就有限之資料所能為力；故本論文之寫作進路，乃是有見於象山學渾然是一整體性生命之呈現，而非可以概念分解的特殊性質，爰是採取相應於此性質之研究態度；此即象山全集雖無明確的知識理論，各卷之內容也未必有理論體系可以獨立區分出來，然只要正視各卷文字都是象山生命造詣整體之透顯，吾人即可據此視點以自家生命之體驗予以戢入（儘管吾人之「體驗」很難確認是否即等如象山生命造詣之實，但這種理解方式顯然才是最本質而無隔膜的契入）；換言之，只要研究者不是已經喪失了對「生命之學」的感應能力，則象山文字所散播出來的整體生命精神與生命內涵，都是吾人可以「體驗」，並在自己體驗的活動歷程中加以整合把握的，而不必經由學術分析始可曲折地理解。準此，本論文之寫作乃儘量避免摻雜不相干之哲學概念來賦會說明，甚至所立章節也減少過多細碎的子題，如此乃可顯示象山學「整一性」及「同一性」之特質，亦可避免無謂之葛藤與纏繞，至於不採實證科學所重之「假設、歸納、演繹、推論」等方法，也是勢所必然。秉承此進路原則，前述所論第二點如何處理「生命語言」之問題，也在筆者嘗試以「體驗」為進路的理解活動中獲得解決；蓋此簡易、平實的「生命語言」雖然不適於分析，但卻無礙研究者亦可以其自家生命體驗，投入解讀此「生命語言」之生命內容的理解活動中，並就其所體驗的理解程度之深淺，回過頭來對此「生命語言」之所指加以疏釋、發揮（如果筆者不能避免以「概念性思考」來處理相關論題時，則此「概念性思考」之運用也是在以「體驗」解讀文本之後第二序的連動步驟）。換言之，筆者著實以為，只要此研究者之「體驗」真實無雜，則其所疏釋、發揮之義理只有相應程度之深淺，而難有是非對錯之可言。總之，處理象山「生命語言」之問題，筆者確實是以這樣的進路去嘗試接近戢入；至於疏釋、發揮的恰當與否，則留待任何有「體驗經驗」及「生命實感」之方家平心共鑑，然此已非筆者所能置言的範疇了。

第二章　陸九淵人格教育思想的基點——「生活化儒學」之成立

　　如第一章第二節所言，在中國道德實踐學領域中，所謂「思想」不只是分別意識提供出來的產物，它必須包括「全部的活人生在內」，並「將此思想家之爲人及其眞實人生加進」；準此，若只單提舉象山全集中之知性理論，終難以實質概括象山人格之全貌，故本章乃以象山學中「六經」和「我」間所存在的關係爲媒介，嘗試揭開陸九淵（象山）「全部活人生」之生命內容。

　　而《象山全集》卷卅六年譜，乃是最能反映象山人格縱深之生活實錄，筆者爰依年譜所載之生活行儀爲基本線索，以究明象山所以形成此種生活樣貌背後的內在根源，及其「生命」與「生活」間維持著一種怎樣特殊連結的聯繫；在此研究進路下，若年譜之資料猶有未盡，則採前卅五卷之相關引文加以闡明，俾使象山人格精神具體浮現；最後則再歸結於「六經」與「我」之論題，將象山「生活」與「詮釋」間之互動關係予以釐清，以期本章首尾能完整呼應。

　　唯須說明的是，本章乃一獨立完整之研究範疇，一般小範圍節次之安排容易割截「生活」之完整性，爰以扼要之「標題」取代節次之安立；故本章標題只有揭出相干重要思想的功能，而不具小範圍獨立開來專門討論之意義，此處應一併提及。

一、由體驗開啓的「生活化儒學」之意涵

　　林安梧先生在其〈象山心學義理規模下的「本體詮釋學」〉〔註 1〕一文中

〔註 1〕見於《鵝湖》月刊 1988 年 3 月一五三期，頁 14 至 24。

（以下簡「林文」），對象山「生活化儒學」有極精彩之講明。林文以吾人熟知的「六經皆我註腳」一詞，做爲開啓「生活化儒學」的敲門磚；認爲此語之前的「學苟知本」，是一先決條件，並據引相關語錄加以疏釋，肯定「學苟知本，六經皆我註腳」及「我註六經，六經註我」二語，存在著一種「全體論」的方法論。因之，「我」和「六經」之間有一「詮釋」（即「註」字所顯之義）的互動關係。林文乃以此「註」字爲線索，切入中國註疏傳統所貞定之路向。林文言：

> 「註疏」並不同於理論的建構，也不是意見的辯議；註疏乃是一種脈絡的契入及生活的參與。註疏是將自己的生活世界和經典水乳交融起來的，或者說，就將經典視爲一個生活世界。

中國註疏傳統所內具的性格，是否還有其他指涉，此非本文所能探究；但林文以「我註六經，六經註我」的「註」字，開啓象山「生活化儒學」的入路，顯然是一極富洞見的發明。以下即就象山年譜所載之生活行儀，隨文探討象山「生活化儒學」內蘊之意涵。

據全集三十六年譜所示，象山「幼不戲弄」（三歲）、「靜重如成人」（四歲）、「入學讀書，紙隅無捲摺」（五歲）、「侍親，會嘉禮，衣以華好，卻不受」（六歲）、「得鄉譽，只是莊敬自持，心不愛戲」（七歲）、「侍諸兄誦講，衣冠未嘗解弛……文雅雍容，眾咸驚異」（十歲），象山自小即展現此等異乎常兒的生命氣質，此除以「生而清明」「少成若天性者」〔註2〕解釋外，或與其儒門家風有關。象山之父道卿公「生有異稟，端重不伐，究心典籍，見於躬行，酌先儒冠婚喪祭之禮行於家，不用異教，家道整肅，著聞於宇內」，而象山兄弟間互爲師友，相與濡沫薰陶，更爲鄉里稱道。長兄九思所撰《家問》一書，乃用以「訓飭其子孫，不以不得科第爲病，而深以不識禮義爲憂」，二哥九敘「公正通敏，時賢稱曰處士」，三哥九皋「少力學，文行俱優」，四哥九韶「不事場屋」「立社倉之制，行於鄉，民甚德之」，五哥九齡「少有大志，浩博無涯涘」「爲時儒宗，道德繫天下重望」，在舉家以道德充實生命，並表顯於日常生活的儒門環境中，象山自幼獲得德性生命的陶養，乃是理所當然。但更爲關鍵，且是象山被視爲「生活化儒學」型範之理由，則是其自幼即展現對「生命眞理」〔註3〕的高度追求，此可從象山對「宇宙」終極性問題之關注而

〔註2〕見卷卅三頁2、3象山先生行狀。

〔註3〕所謂「生命眞理」自然不能只由儒門家風之陶冶獲得，因爲環境陶冶可能只

窺出：

> 1、先生四歲……一日忽問天地何所窮際，公笑而不答，遂深思，至
> 忘寢食……。（卷三十六頁2）

> 2、先生自三四歲時，思天地何所窮際，不得，至於不食。宣教公呵
> 之，遂姑置，而胸中之疑終在。後十餘歲，因讀古書至「宇宙」二
> 字，解者曰：「四方上下曰宇，往古來今曰宙」，忽大省曰：「元來無
> 窮。人與天地萬物皆在無窮之中者也」。乃援筆書曰：「宇宙內事，
> 乃己分內事。己分內事，乃宇宙內事」。又曰：「宇宙便是吾心，吾
> 心即是宇宙，東海有聖人出焉，此心同也，此理同也……。」（卷卅
> 六頁3）

由上列所引文字，可知「宇宙即是吾心，吾心即是宇宙」及「心同理同」二
語，乃是象山豁然解開生命之疑後的總結心得；[註4] 然象山是循著怎樣的工
夫進路得出上述二語的論斷，原文卻未明顯道出。我們可以試從原文所示內
容的承接關係，得到這樣的基本理解：

（1）象山幼時「天地何所窮際」的提問，不是一般接受知識啟蒙教育後
對宇宙空間好奇的「自然科學」式之疑問；從文字脈絡承接關係中顯示——
此「天地何所窮際」的「天地」二字，不單止於自然世界的「天地」範疇，
它更明白指向宇宙中「人與天地萬物」的整體性關係。

（2）從象山四歲時對「天地」問題起疑，以迄十三歲在偶然的觸發下豁
然領會「生命真理」的歷程，不是一科學知識問題在孩童成長階段中因智識
增長從而獲得解釋的歷程；反之，從原文語脈中可以看出，這是象山生命主
體在不被預知的情形下，主動對「人與天地萬物的整體性關係」加以思索投
入；所以「遂姑置」三字顯示的，不是象山對宇宙終極性問題興趣之撤銷，
它只是在權威壓力下被迫不予攤開而已；而「胸中之疑終在」一語，則暗示

是外鑠地良好教養，缺乏主體自覺從事實踐之體認，所以一旦形勢變革，則
此教養是否還能持恆便無法具體保證；所以「生命真理」之所指，乃意謂每
一個生命向度之提昇，都是個別之我所要獨力付出並承擔的，因此沒有一個
真正之外援能幫助吾人「生命真理」之實質體認；同樣地，當吾人對「生命
真理」之體認已然確鑿把握時，則不論此體認之程度是深或淺，也都將完整
地歸屬於此個別之我，而為所有外力所不能增減搖撼。

〔註4〕象山對「宇宙」終極性問題之關注，第三章第一節「心即理」說有更詳盡之
闡明，此處只是順應「生活化儒學」之主軸扼要地揭出。

生命主體對「人與天地萬物的整體性關係」之關注，仍以一種隱藏不被人知的方式持續性的「進行」存在著。換言之，這是生命本身一直要求鞭策自己，以企及於探知「生命眞理」的主體醞釀活動；一旦此醞釀活動成長至某個成熟階段，只要受到生活周遭相應於此活動所指內容的提醒或觸發，即可能豁然貫通，達致體認「生命眞理」的全幅啓發。

　　通過上述理解，顯然這等不依賴人師逐條講明，也不依循學術認知拾級而進的工夫入路，分明是一種「眞截明白」的「簡易」之學。此種簡易之學的本源，乃是「以宇宙爲問題，心靈爲歸依，道理爲軌持的」；〔註5〕平鋪說來，也就是「心靈」（生命主體）不斷對「宇宙」問題（人與天地萬物間的整體性關係）予以參究，最後體悟出「道理」（「宇宙」與「吾心」本來一致的眞理）之全幅顯現。像這種不假憑藉全仗自力的學問，乃是經由「生活化的存在體驗」有以致之，這也就是一種「覺」的工夫。據年譜所載：

　　1、梭山嘗云：子靜弟高明，自幼已不同，遇事逐物皆有省發，嘗聞鼓聲振動窗櫺，亦豁然有覺。（卷卅六頁2）

　　2、見先生觀書，或秉燭檢書，最會一見便有疑，一疑便有覺。後嘗語學者曰：小疑則小進，大疑則大進。（卷卅六頁3）

顯然，此「覺」的工夫乃是林文所言「具體的、存在的一種生命感應」，此工夫之進行乃是心靈主體隨順身體官能所接觸的生活事物之「內容」或「活動現象」，轉換爲探究此「內容或活動現象」之與「生命眞理」關係之詰問，而此詰問的程度愈強，愈是有助於詰問者從中獲得更深度的省發。所以象山明言：「吾於踐履未能純一，然才自警策，便與天地相似。」「吾自幼時聽人議論似好，而其實不如此者心不肯安，必要求其實而後已。」（卷卅四頁12）「學而未至於安，難與議聖賢之閫域矣。」（卷卅三頁1）可見所謂「警策」，即是「覺」的工夫之發動，當它自覺其生命稍微疏離其自己而「未能純一」時，當下即能於此「心不肯安」「未至於安」的感應中收攝回來，使它回復到生命之在其自己的本然狀態，此亦即「必要求其實而後已」之「實」字所顯示的——生命得以整全把握的著實境界，而也是「與天地相似」之「天地」二字所指向的——無有私心障隔的無限心靈世界。所以籠統的說，這樣的方法即是所謂的「體驗」——「驗之於『體』，並以『體驗』之」〔註6〕的雙向互動；

〔註5〕出處見註1。

〔註6〕所謂「體驗」，乃是一種「存在的經驗」，也是一種「存有的經驗」。就其爲存

更由於此「體驗」活動本來即是在「生命──生活」的領域中互動交流，並在此互動交流過程中使「生命──生活」兩者交相貫注、盈滿充實，所以此種「以『體』驗之」的「生活」，乃不同於一般乾枯機械的形骸活動，而是爲生命活水所灌注，呈現爲一生機洋溢鳶飛魚躍的「生化」「活化」的活潑生活。反過來說，此種「驗之於『體』」的「生命」，也不同於形軀我、認知我或純粹情意我所構成的「生命」，它必得基於對「廣大生活世界」的投入參與，展現爲一自由、開放並能在「實際生活」中雙腳立足的「無限生命」。就前者豐富活潑的「生活」範疇來說，語錄言：

1、觀山云：佳處草木皆異，無俗物，觀此亦可知學。（卷卅五頁 23）

2、因曾見一大雞，凝然自重，不與小雞同，因得關睢之意。（卷卅五頁 26）

3、因陰晴不常，言人之開塞。若無事時有塞亦未害；忽有故而塞，須理會方得。（卷卅五頁 27）

4、棋所以長吾之精神，瑟所以養吾之德性。藝即是道，道即是藝，豈惟二物，於此可見矣！（卷卅五頁 31）

由前述四則引文可知，象山「生活化儒學」之活動範疇乃是隨處與「生命」結合凝聚而進行，並就生活所面臨之對象事物予以「體驗」，從而作爲開發吾人德性精神之資糧。所以此生活對象如──「佳處草木、大雞、天氣、棋瑟」等，都不再只是一平面與吾人無內在關涉的存在物，反而此生活對象率皆經由「體驗」的參與活動，而爲此生命之「一心之朗現，一心之申展，一心之遍潤」，並回過頭來重新長養滋潤此取消形式對待之「生命」。故象山即此又言：「起居食息，酬酢接對，辭氣容貌顏色之間，當有日明日充之功，如木之日茂，如川之日增，乃爲善學。」（卷五頁 2）可見此「以『體』驗之」的「生化」「活化」的生活範疇，不只使外在的生活對象在此「體驗」的生命參與中獲得了「復蘇」；更重要的是，踐道者本身日常生活中的一切活動，也都注入了生生不息的生機與活力，連其談吐、容顏亦皆是此生命活水的直接俱現。再就「生命──生活」兩者互動交流之「生命」而言，語錄云：

　　　　在的經驗而說的「體驗」即是親知，即是具體而存在的感通；就其爲存有的經驗而說的「體驗」乃是上述於道體，並由道體而照明（或流出）之者。換言之，體驗乃是「驗之於『體』」、且「以『體』驗之」這兩個活動的互動與交流；以上疏釋乃據註 1 林文義理脈絡而來。

1、夫人學問當有日新之功，死卻便不是……此理明如川之增，如木之茂，自然日進無已。（卷卅五頁9）

2、鳶飛戾天，魚躍於淵，言其上下察也。只緣理明義精，所以於天地之間，一事一物，無不著察，仰以觀象於天及萬物之宜，惟聖者然後察之如此其精也。（卷卅五頁32）

顯然此「生命」所指的，不是隨著形軀「生住異滅」而變化的肉體生命，而係結合著象山「本體實踐學」之作用來陳說的。〔註7〕就此「生命」之對其自己而言，它乃是一持續性進行的心靈成長活動，故渾無退化、僵滯之可言。此所以象山有云：「家有壬癸神，能供千斛水」（卷三十六頁18），再就它本來即在「廣大的生活世界」中呈顯發露，所以它恆然對構成生活之種種事物深切著察，使生活灌注了「日新月異」的成長動能，而不致只停留在「境界型態」的生命高度上，無法落實於日用平常的生活。

二、生命與生活之中介——「及物」工夫

經由以上討論，可知象山此種由「體驗」所開啓的「生活化儒學」，並非只停留在個人內在收斂的心理感受；然則，使象山「生命」完整地落實於「生活」的關鍵何在呢？象山言：

須是下及物工夫，則隨大隨小有濟。（卷卅五頁4）

所謂「及物」工夫，乃是綰結著「生命——生活」之交流灌注來說的，所以它能避免主體在「及物」過程中因鬆動滑落而失去自己，並得以隨「及物」工夫之深淺，得其相應程度之受用。然「及物」工夫之確實意涵究竟爲何？據語錄所載：

復齋家兄一日見問云：吾弟今在何處做工夫？某答云：在人情事勢物理上做些工夫。復齋應而已。若知物價之低昂，與夫辨物之美惡眞僞，則吾不可不謂之能，然吾之所謂做工夫，非此之謂也。（卷卅四頁5）

如上所引，象山本人饒或具備「知物價」與「辨物美惡眞僞」之長才，然此與「及物」工夫終是兩碼事。此處「人情、事勢、物理」所指涉的內容宜爲重點所在。所謂「人情」二字所指，象山曾言：「吾於人情研究得到。或曰：察見淵中魚，不祥。然吾非苛察之謂；研究得到有扶持之方耳！」（卷卅四頁8）。並言：

〔註7〕象山「本體實踐學」部分詳見第三章。

「須知人情之無常，方料理得人」（卷卅四頁 15）。可見此處「人情」指涉的，乃是現實具體生活中與人接觸所存在的情感現象，由於此「情感現象」大抵非由「生命修養」所主導發出，故它之為變易無常、難以貞定持恆，也是勢所必然。故象山在「人情」上做些工夫之意，並非投入此「人情」現象中與之浮沉並俱，而正是即此「形而下」之生活活動中「容納異己」，〔註 8〕與之消融無所對立，進而在此歷程中仍保持其一貫「生命」之本然的工夫，正是在這種「情感現象」當中而不被其炫惑顛倒的真實本事，才可能「料理得人」，並對自家「生命」之把握「有扶持之方」；而「事勢、物理」二者之性質於此乃可等同於「人情」視之，在「事勢、物理」上做工夫，正是「生命——生活」融合為一的具體實踐，所以它恰可免於傳統所譏之「無事袖手談心性，臨難一死報君王」的盲點缺陷，而預做各種生活可能面臨困局的有效準備。〔註 9〕在此，筆者可就全集所載在「人情、事勢、物理」上做工夫之引文加以研究：

> 1、吾家合族而食，每輪差，子弟掌庫三年，某適當其職，所學大進，這方是執事敬。（卷卅四頁 25）
>
> 2、處家遇事，須著去做，若是褪頭便不是，子弟之職已缺，何以謂學？（卷卅五頁 2）

此處吾人可以看出，象山「生活化儒學」道道地地是一「如其所如的儒學」，它不是僅止於課堂上「道德實踐學」知識之傳授，或是一直往內在心性之學

〔註 8〕 就儒家生命修養之學而言，「容納異己」是踐道者充實其「人格」所必須經歷的階段。所謂「容納異己」不是取消價值判斷無所揀擇，而是當踐道者意識到自己生命的有限及無限之後，對整個生命界開始有「融合化」的生命表現。換言之，這是踐道者之生命與其他生命之間產生了生命交流的經驗。此因落在一現實生活人人都為主體的大環境中，踐道者必須讓自己充實的人格成長，擴大為人類同體充實其人格之成長，才能讓自己成為普遍樹立為人的「典範性」人格。在《象山全集》中，我們雖然無法找到象山人格形成歷程的理論描述，但安置於「生活化儒學」的討論脈絡中，象山人格修為存在此種「容納異己」的階段，顯然是可以肯定的。關於儒家「容納異己」的相關理論，可參考台大哲研所 78 年 5 月碩士論文黑木哲夫所寫《儒家「生活藝術」之哲學——生命之造詣與人格形成》一文。

〔註 9〕 據年譜所載，象山十六歲時，「讀三國六朝史，見夷狄亂華，又聞長上道靖康之事，乃剪去指爪學弓馬。」二十四歲時曾云：「窮則與山林之士，約六經之旨，使孔孟之言復聞於學者；達則與廟堂群公，還五服之地，純被於斯民。」四十六歲時，「先生曰：吾有四物湯。問：如何？曰：任賢、使能、賞功、罰罪。」甚至五十四歲告終前，仍「接見僚屬，與論政理如平時」，可見象山一向有將道德實踐融攝於外王實踐之本事。

收斂退縮，變成只能在少數幾個師生之間「證道」或「心傳」的封閉型態，致與外在廣大生活世界隔絕；反之，它卻從最平實，卻也可能是最能考驗人性複雜面的「事」上做起。所謂「處家遇事，須著去做」，不是被動地受「形勢」所逼，不得不勉予交差的應付了事，也不同於形式上恍似完成，而過程中夾雜有若干不當的內在扭曲。它必得是在「學」（生命之學）的基礎上，就「吾家合族而食」的傳統大家族結構，如理如法如分的兼顧到「人倫理序」與「輪差掌庫之職份」的充盡完成。這種在「事」上真槍實彈磨練的人格教育，除了培養踐道者任事能力之擔當外，也充分檢驗「生命」在「生活」實踐中達成之有效程度，唯有此二者交相灌注、運行無礙，才能「所學大進」「執事敬」（此處「所學大進」「執事敬」，乃是即象山「本體之理」與「實踐之理」結合爲一而言的）。〔註10〕所以「在人情事勢物理上做工夫」，簡單說來，即是使「生命──生活」得以成立的「及物」工夫；以下可舉更爲詳盡之生活實例，以見此「及物」工夫之特色：

> 先生言：吾家治田，每用長大钁頭，兩次鋤至二尺許深，一尺半許方外，容秧一頭。久旱時，田肉深，獨得不旱。以他處禾穗數之，每穗穀多不過八九十粒，少者三五十粒而已，以此中禾穗數之，每穗少者尚百二十粒，多者至二百餘粒；每一畝所收比他處一畝，不啻數倍。蓋深耕易耨之法如此，凡事獨不然乎？因論及士人專事速化不根之文，故及之。（卷卅四頁21）

顯然象山所謂「深耕易耨之法」，只是其「生活化儒學」處事態度之一小側面，但此一側面即已顯示其「生活原則」之普遍意義，乃是建立在其所有生活行履皆較常人付出更多「踏實、紮根」的基礎工夫，而無追求眼前成效「專事速化」所導致的後遺症。這也就是所謂「實」的工夫。要特別揭櫫的，乃是此治田的「深耕易耨之法」不單止於「事」之現象來說，它根本上是繫屬於「本體實踐學」之「生命」所當然發出的。易言之，此「深耕易耨之法」固可視爲象山「及物」工夫之最佳註腳，但同時也是象山從事生命修養所下工夫絕對「踏實、紮根」的描述語，並且是緊扣著「生命──生活」之互動交流彼此灌注來說的。

　　準此可對象山「及物」工夫之義加以總結，此即：所謂「及物」工夫，乃根源於象山「本體實踐學」之生命修養，才有心靈內在源源不絕的活水加

─────────────

〔註10〕見第三章「本體實踐之理」部分。

以支持，以避免生命與物交接時，可能夾雜的拖累與染污；除此，它亦須秉此修養在最具體的實際生活世界──「人情、事勢、物理」等等分殊的生活層面深化落實，使「生命──生活」達到相互指涉、密縫無間的一致性，此才是象山所指「實」字之深度意涵。所以象山屢言：

> 1、古人自得之，故有其實，言理則是實理，言事則是實事，德則實德，行則實行。（卷一頁 4）

> 2、古人質實，不尚智巧，言論未詳，事實先著，知之為知之，不知為不知。所謂先知覺後知，先覺覺後覺，以其事實覺其事實。故言即其事，事即其言，所謂言顧行，行顧言。（卷一頁 4）

> 3、做得工夫實，則所說即實事，不說閒話，所指人病即實病。（卷卅五頁 29）

從「生活化儒學」的角度來觀察，象山「生命──生活」兩者互動交流彼此灌注的「深耕易耨」式的實踐型態，乃是一絕對「生化」「活化」的「實」（充實、紮實、真實、平實）字之展現。因之他可視為一「真理體現者」在人間最具體的流行示現，他的「實」不能止於語言文字脈絡中「認知」意義之「實」，而必得是見諸於生活行履中由「實踐」所致之「實」，在此義涵蓋下，則其「言」與「事」（行）之間便涵蘊著互為指涉不容置疑的「同義性」──只要是其所發之「言」，便必然是結合著在「事」上踐履親證的自信所由衷發出；只要是其行履親證所為之「事」，便必然也是另一種「無聲的說法」。兩者之間不容有絲毫矛盾與縫隙。所以他才能平坦地道出：「自家表裡，內外如一」（卷卅五頁 18）「某平日與兄說話，從天而下，從肝肺中流出」（卷卅五頁 9），正是這種「做得工夫實，則所說即實事」的「生活化儒學」精神之發顯，才能獲致深刻感動人心的效果。據年譜記載：

> 正月十三日，以講義代醮，除官員士人吏卒之外，百姓聽講者，不過五六百人，以不曾告戒也，然人皆感動。其所以相孚信者，又在言語之外也。（卷卅六頁 22）

所謂「其所以相孚信者，又在言語之外也」，分明是象山從道德生命中所流露出來的真誠實感，直接觸動聽講者內心深處；換言之，聽講者不是單從象山言語所蘊含之「義理」中受到感動，而是「直觀」地從言語之所從發的陳說者「生命之實」的全體性揭露中受到感動；可以這麼說，象山此種從「生命之實」所呈顯出來的「由衷之言」是如此真切直接，當下即可令聽講者感同

身受，並在此「生命語言」所煥發出來的實感中清楚照見自己，進而在此存在的感動中，反省、洗滌自己可能異化扭曲的生命；相對於此，則由知識進路來講生命之學，固然也能表現知性分析之精彩，然此對普遍的聽講者而言，終歸多了一道知識運作之轉折；何況只要是由知識進路來講生命之學，則它便可以只是頭腦思維作用之運作，而不必是由自己「生命之實」所直接呈顯，故其眞實性也較容易遭到質疑。準此而言，「生活化儒學」之裨益世道人心，是遠勝於「智識化儒學」之只能在部分學者間成立，甚至可避免如後者之可能離開儒家最可貴的在「生活」中落實的原始實踐精神的。以下再舉兩則實例，以窺象山「生活化儒學」之一斑：

> 1、初先生未肯赴舉……臨川李侍郎浩……力勉其赴舉，歸則題秋試家狀者在門，閱其籍，則諸家經賦咸在，惟無周禮，先生即以此注籍……拆號日，先生偶過梭山，方鼓琴，捷吏至，曲終而後問之，再鼓一曲乃歸，先生第四名。（卷卅六頁5）

> 2、先生既奏名，聲震行都，廷對考官意其必慷慨言天下事，欲取寘首列。及唱第，乃在末甲。或問之，先生曰：「見君之初，豈敢過直」，識者稱其得事君之體。（卷卅六頁6）

如1所示，象山「赴舉」及「以周禮爲應考科目」，顯非以個人功名自利動機爲考量，〔註11〕才能在應舉結果將揭示這種最能考驗得失心的關頭，表現其一貫生活態度之從容與平常心。至於如2所示，當此廷試場合力求表現以博考官青睞，乃一般凡情俗見者所慣行之對應策略，然象山不此之行，仍以其「生命——生活」所顯之「人格」爲據，就「應然之理」發而爲如其所如的「應然之行」，不因「動機」之純正而任意改變「手段」之使用（因「動機」而妄改「手段」，便可能不自知地在過程中夾帶了駁雜、異化的幽微沉墮之心曲）。即此可知，象山「生活化儒學」所含之「生活原則」，乃是超越了「手段——目的」的世俗框架，而直接在「本身即涵具目的」的原則下，使「價值」成爲「價值」實現之原理，並使一切生活行爲都充盡地爲「人格」所顯發出來的意義所掌握。

〔註11〕象山曾云：「吾自應舉，未嘗以得失爲念，場屋之文只是直寫胸臆，故作貴溪縣學記云：不徇流俗而正學以言者，豈皆有司之所棄，天命之所遺？」（卷卅四頁11）並言：「諸公答策皆是隨問走；答策當如堂上人部勒堂下吏辛，乃不爲策題所纏。」（卷卅四頁18）此可顯示象山應舉之態度。

　　總結上述經由象山年譜生活行儀的探究，可知象山「生活化儒學」乃是基於「體驗」而開啓的「生化」「活化」的儒學。所謂「生」者，源泉滾滾，不捨晝夜，日新又新之謂；「活」者，無所僵滯，淋漓周浹，旁通無礙之謂。就「體驗」之範圍言，則古往來今（宙）、上下四方（宇）皆屬之；故「宇宙內事皆己分內事」。就「體驗」之發動處言，即是「驗之於『體』的」心靈（本心）；就「體驗」之落實處言，則是「以『體』驗之」的整體生活世界。有了這樣的講明，準此乃可回到先前「六經註我，我註六經」的論題，以「生活化儒學」之觀點加以論述。

三、「六經」與「我」之詮釋關係

　　如本章開宗明義所述，象山所謂「學苟知本，六經皆我註腳」及「六經註我，我註六經」二語，顯然是一種整體論的方法論，它乃是奠基於象山「本體實踐學」所展開的對「生活世界」的「本體詮釋」。所以「註腳」與「註」字之義，不是尋常訓詁學下的解釋，而是通過象山以「體驗」爲進路所賦予的生命詮釋；爲了探究上述二語之意涵，我們有必要就象山如何將「生活世界」與我（本心）互爲詮釋的關係加以講明。據語錄所載：

> 1、夫子平生所言，豈止如論語所載，特當時弟子所載止此爾。今觀有子、曾子獨稱子，或多是有若、曾子門人。然吾讀論語至夫子、曾子之言便無疑，至有子之言便不喜。（卷卅四頁 5）
>
> 2、王肅、鄭康成謂論語乃子夏、子游所編，亦有可考者。如學而篇子曰次章便載有若一章，又子曰而下載曾子一章，皆不名，而以子稱之，蓋子夏輩平昔所尊者此二人耳！（卷卅五頁 32）

如上所示，象山「我註六經」的入路，分明不以論語「文本」作爲唯一契入孔子學問的取信依據；他必得是以自己「生命主體」的參與，來獲悉孔門高弟在當時「生活世界」中彼此互動的存在情境，以及對孔子之「道」所承續體認的踐履程度。所謂「至夫子、曾子之言便無疑，至有子之言便不喜」，不是情緒好惡所作成的論斷，而係心靈自己對語言所蘊含之「道」的純粹與否加以「直觀」透視所做成的「生命評判」。年譜亦云：「先生曰：『夫子之言簡易，有子之言支離』」（卷卅六頁 4）所謂「簡易」者，即生命眞理簡單明白毫無迂曲之謂；「支離」也者，乃與「道」疏離致成支末之謂。顯然，象山「簡易」「支離」的評判語，乃是以其「本體實踐學」之內在修爲，直接貫穿歷史

空間，以一種基於「知言」的生活直觀能力而呈現的。再如：

    1、李白、杜甫、陶淵明皆有志於吾道。（卷卅四頁12）

    2、漢唐近道者：趙充國、黃憲、楊綰、段秀實、顏眞卿。（卷卅五頁32）

類似這樣的引文，乍看之下也是無頭無腦，天外飛來，令人不得其解。其實這也是象山「本體實踐學」對「生活世界」所賦予的「本體詮釋」；這種「本體詮釋」隱含著一種對「歷史朝代」或「歷史人物」的「品第觀」。〔註12〕當然，此種「品第觀」的衡量標準非以生平事功成敗來仲裁，而必得從歷史人物生活所顯之「價值、意義」與「道」之直涵關係中建立得出。所以此處「有志於吾道」及「近道」二語，僅標示其與象山「本體實踐學」所言之「道」方向上的一致，而未必即此劃上等號。準此，可以如是言之：李、杜、陶是否眞「有志於吾道」，乃至趙、黃、楊、段、顏諸君是否「近道」，乃是極爲次要，無須回溯歷史（也回溯不了）或經典文字關係中逐一去查明檢驗的；重要的是，此種詮釋方式開啓了「本體實踐學」在「生活世界」中建立起具有雙向引導功能的人物「價值標竿」；此種「價值標竿」頗類似中國傳統「青史留名」之性質，不同的是，經由象山「本體實踐學」所開發的對「歷史」與「歷史人物」的「本體詮釋」，則古往今來契入此「道」之心靈都可進入我心所安置的「青史」詮釋系統中，與「踐道之我」的心靈「遙遠」且「切近」地交輝映會、互相對話，並由此映會對話中反過來充實我德性的生命。再如：

    1、《孝經》十八章，孔子於曾子踐履實地中說出來，非虛名也。（卷卅五頁1）

    2、《三百篇》之詩，有出於婦人女子，而後世老師宿儒且不能注解得分明，豈其智有所不若，只爲當時道行道明。（卷卅五頁4）

同樣地，如1所示，《孝經》內容是否眞爲「孔子於曾子踐履實地中說出」，也未必干乎宏旨；重要的是，在象山「本體詮釋學」的理解意義中，《孝經》之於「我」的關係，乃是「六經註我」、「我註六經」的「即存有即活動」的關係。此即：只要我以眞心契入《孝經》之「生命內容」與「生活世界」，而

〔註12〕錢穆先生曾云：「儒家教義中有一種人品觀──拿人生的意義與價值作評判標準，將人分作幾種品類，即如自然物乃至人造物，亦同樣為他們品第高下。」此可爲象山「本體詮釋學」蘊含著「品第觀」作一佐證。以上引文見《國史新論》頁192，東大圖書公司78年3月增訂初版。

這種「體驗」所獲致的眞誠實感又如實回過來豐富我的生命，則《孝經》便是一部活生生從「踐履實地中說出來」──可以與我的心靈溝通對話的眞實「經典生活世界」，而非止於「虛言」而已。再如 2 所指陳之「歷史詮釋」，一向被今人視爲儒家有「崇古」傾向之證據，且認爲《詩三百》被賦予過多道德教化色彩；其實這都是無見於儒家「生命之學」本體詮釋的本質特色，而不具「同乎其情」的相應理解。語錄曾云：「興於詩。人之爲學，貴於有所興起。」（卷卅四頁 9）顯然，《詩三百》在象山「本體詮釋學」的理解意涵中，乃是一部有助於吾人「生命」往「眞理」接近提撕的「取之不盡」的「活書」，而其中部分作者──「婦人女子」之詩是否能使一般讀者「有所興起」，此未可遽然認定；但在以全幅生命投入「經典生活世界」而「有所興起」的象山而言，這分明是眞實無妄、親知實證的具體感受，故象山準此而對《三百篇》之世做出「當時道行道明」之「歷史詮釋」，這種詮釋自然不是基於社會科學研究態度所產生的認定，而是依於「本體實踐學」蘊含之蘄向所建立的「歷史價值標竿」。此即是說，我人固可以生命從《三百篇》之世──「道行道明」的型範中獲得生命陶養，而《三百篇》「道之流行」的時代，正也可以回過頭來做爲我人所處的時代之「照明」。兩者的關係乃是互動且同時並存的。總括如上探討象山由「體驗」所致之「本體詮釋」的意涵後，我們可依林文義理脈絡對「六經註我，我註六經」之義加以結論，此即：

象山所謂的「註腳」，不是「主體性」任意往外放射將所有可供利用之「資源」據爲己用；所謂「註腳」一詞，實指出人對道體的參贊，這是一種經由「本體詮釋」活動而來的參贊，所以它乃是「全面」「整體」性的──既具體又存在的活動，這個契入的活動過程乃是「即詮釋即創造」的。換言之，它投入了經典乃至實際的生活世界，並即此「詮釋」且「創造」了生活世界。當然，最重要的前提是，它必得紮根於「學苟知本」的「本體實踐學」之基礎上。準此始可說：「我註六經，六經註我」一語，不是割截對立的兩端，而是對比且交相灌注、參贊的兩端。「我註六經」實意謂我以全幅的生命精神去參贊六經、灌注六經，使六經朗現在一鳶飛魚躍的生活世界中；而「六經註我」則意謂朗現在此鳶飛魚躍的生活世界中的六經可以豐富我的生命，長養我的精神。兩者同樣是「即詮釋即創造」的。

歷經上述講明，則讓象山「生活化儒學」得以成立的依據──「本體實踐學」及其工夫論便應在以下章節予以探究。

第三章　陸九淵人格教育思想背後的義理規模——本體實踐學

　　陸九淵（象山）「人格教育思想」之義已於第一章析論講明，筆者既標名「人格教育思想」，即顯示象山畢生從事講學，係以其自家「人格」自我實現爲基礎展開；故欲知象山講學活動所透顯之「人格教育」內涵，便得窺見象山如何造就其自己「人格實現」的內在義理規模——此即本章研究之重點。然此「內在義理規模」之所指，非今日概念分析所建構之義理系統，而係象山以全幅生命契入「眞理」（道）過程所實證的「生命體驗」內容之全部，是以此「生命體驗」只是渾然一體的運施流行，渾無分解、次序之殊相可見，若吾人勉欲分解把捉當下即已失其原質，故象山嘗云：「平生所說，未嘗有一說。」（卷卅五頁13）似象山這般生活行履皆爲「實理」「實行」「實事」〔註1〕之所充周遍滿之踐道者，猶且未分解立義建構其知性的義理規模，則筆者本章研究之「本體實踐學」，也是在唯恐象山學被誤以爲只能訴諸「如人飲水，冷暖自知」的個人自證感受中方便成立說明而已。

　　本章象山「本體實踐學」可區分爲——「心即理」說與「本體實踐之理」兩部分；但這樣的區分非由上述二者本質歧異而來的區分，而只是利於論文疏釋方便而已；實際上，「心即理」與「本體實踐之理」乃是互相指涉始可詮釋得周延完整的；故如果勉強區隔二者之關係，則「心即理」說較側重於象山本心豁顯後整體「證道」境界之疏釋，而「本體實踐之理」則稍偏重於象山內在心行如何達成的分解理論步驟之說明。有了這樣的認識，以下即可從

〔註1〕「實理」「實行」「實事」之所指，請見本章第二節楔子中引文二之分疏。

「心即理」說來研究象山之「本體實踐學」。

一、「心即理」說

所謂「心即理」說可視爲象山本體實踐學之主要根據,關於「心即理」(「本心」即「天理」)說之發軔,仍應溯及象山早年參究「宇宙」二字所證知之體認。年譜云:

> 十餘歲,因讀古書至宇宙二字。解者曰,四方上下曰宇,往古來今曰宙,忽大省曰:元來無窮,人與天地萬物皆在無窮之中者也。乃接筆書曰:宇宙內事乃己分內事;己分內事乃宇宙內事。又曰:宇宙便是吾心,吾心即是宇宙;東海有聖人出焉,此心同也,此理同也;西海有聖人出焉,此心同也,此理同也。南海北海有聖人出焉,此心同也,此理同也。千百世之上至千百世之下,有聖人出焉,此心此理亦莫不同也。(卷卅六頁3)

由以上引文可知,所謂「宇宙」二字在象山「體驗」式的生命理解中,業已由解者「時空」意義的解釋,轉換爲對「生命眞理」豁然徹悟的「本體詮釋」。所以象山即從證知「人與天地萬物」皆在無窮宇宙中的體認,當下體認生命「主體性」擴充至於無限時,其與宇宙本質之無窮意義乃是同其一致的。再就「主體性之無限」與「宇宙之無窮」的涵攝關係來說,兩者乃是彼此指涉並互相內蘊的。象山準此才能站在「生命眞理」的高度上道出──「宇宙便是吾心,吾心即是宇宙」(意即宇宙內一切萬有皆爲我心之全體大用,而吾心之全體大用也是此無窮宇宙之理所充周遍在)。甚且此種「生命眞理」之體認更是直接引發踐道者「宇宙」與「我」的「責任關係」之歸屬意識的。所謂「宇宙內事即己分內事」,即指天地萬物賦予本身存在意義之事,根本即是踐道之我「生命地責任」之分內事;而「己分內事乃宇宙內事」,即指只要是踐道之我充盡完成本身「生命責任」的分內事,則此完成也是一體縮結著天地萬物所以賦予其存在意義之完成;換言之,此時象山體證的「宇宙」與「本心」之關係,完全不是西洋哲學概念式思考般地將「道德」與「宇宙」區隔爲二,而根本是「道德秩序」之運作即亦「宇宙秩序」之運作;〔註2〕因爲踐

〔註2〕 牟先生嘗云:「近人習於西方概念式的局限之思考,必謂道德自道德,宇宙自宇宙,『心即理』只限於道德之應然,不涉及存在域,此種局限非儒教之本質。心外有物,物交代給何處?古人無道德界、存在界、本體論(存有論)、宇宙

道者本心流露發顯之時，其自身便即為一具體而真實的無限體，必然努力使一切存在之人事物皆能完成其最高之價值與意義，反過來說，當踐道者價值之生命已然在參與人事物的整體活動中自我完成，此便等如與踐道者之生命通極為一的宇宙之完成，故此兩者乃是在「價值的意義」上相互指涉同一的。再換個角度來說，當象山肯認本心和宇宙至於無窮無限時乃是同等合一，並進而肯認踐道者當下流露之本心即是天理本身時，實是深知宇宙再沒有其他物事較我當下此刻的感受更為真實，而踐道者既已真實感受到本心之流露即是天理，則此真實之感受便已對其產生意義；準此，吾人之本心既能感受天理，便即可於此感受中與天理合一；而本心既能與天理合一，則此本心便應即是天理（心即理）；故本心之活動也就是天理之活動，此時天理便不只是「存有」，甚且真實地「活動」於踐道者的生命中。重要的是，以上所論說「本心即天理」之義，乃是絕對普遍性為任何時空下的體道者（聖人）所共同體證，不致因踐道者之殊異產生「本心」與「天理」睽隔不接之結果。故象山舉孟子語而言：

> 今學者能盡心知性則是知天，存心養性則是事天。（卷十二頁4）

此即是說，只要我人盡力實踐自己良心命令之責任，便即可了知此良心原是我人之本性，而去完成此良心責任之活動便是生命之真實；而以上「良心原是我人之本性」之「性」，乃是任何時空下之我人普遍共有的，則創造人類之主宰（天）便也應以此為其本性，如是則整個宇宙意義之存在，便必然是為了實現我們此刻之心所呈現的道德價值而產生的，而天也是以這道德原則為依據來運轉一切的；是以天便應是道德之理的本身，而其他一切存有亦皆由此道德之理所生出。故象山云：

> 1、須思量天之所以與我者是甚底，為復是要做人否？理會得這個明白，然後方可謂之學問。（卷卅五頁6）

> 2、大哉聖人之道，洋洋乎發育萬物，峻極于天，優優大哉，天之所以為天者是道也，故曰：唯天為大，天降衷於人，人受中以生，是道固在人矣！（卷十三頁7）

論等名言，然而豈不可相應孔孟之教之本質而有以疏通之，而立一儒教式的（亦即中國式的）道德界、存在界、本體論、宇宙論通而為一之圓教乎？此則繫於『心即理』之絕對普遍性之洞悟。」以上引文可視為「道德秩序」即「宇宙秩序」之註腳。見牟氏《從陸象山到劉蕺山》頁20。

此即表示，能夠成就「聖人」其爲自己的「道德之理」乃是秉持著與「天」相同地「優優大哉」的特質，而「天」之所以成爲如此高明博大的自己，也係其蘊含了「最高道德之理」（道）的緣故，準此，踐道者當體認天乃是以「道德之理」的本身啓發教育著我們，所以踐道者當以己身之實踐來回應此道德之天，因爲此實踐之本身即是「天理」在吾人本心之具體顯現，因之，能使道德之天理在其本心具體呈現的踐道者乃始爲一「眞正之人」。象山即此而言：

> 1、此理在宇宙間未嘗有所隱遁，天地之所以爲天地者，順此理而無私焉耳，人與天地並立而爲三極，安得自私而不順此理哉？（卷十一頁1）

> 2、此理充塞宇宙，天地鬼神且不能違異，況於人乎？誠知此理，當無彼己之私，善之在人，猶在己也。（卷十一頁4）

> 3、吾心苟無所陷溺，無所蒙蔽，則舒慘之變，當如四序之推遷，自適其宜。（卷十二頁3）

> 4、此理塞宇宙，古先聖賢常在目前。蓋他不曾用私智，不識不知，順帝之則，此理豈容識知哉？（卷十二頁6）

由此可知，此天理之流行乃是充塞於宇宙間，「未嘗有所隱遁」，甚至天地鬼神之所以成就其爲自己，也不能違悖此天理流行於宇宙間的普遍事實；然以上指陳之義如何能爲吾人證知，則必得繫於踐道者此心已徹然無私的先決條件，此即所謂「無所陷溺，無所蒙蔽」；換言之，天理流行於宇宙間的體認，乃是古先聖賢在私心已徹的當下踐履間共同證知，而非尋常人以昏蔽之心、揣度之情識所能領會，故此處聖賢「不識不知，順帝之則」之知，即踐道者本心彰顯時一體生發地「智的直覺」〔註3〕與天理相互感通之眞知；可以這樣

〔註3〕 所謂「智的直覺」，牟先生云：「心外無物。在知體明覺之感應中，心與物一起朗現，即在此知體明覺之感應中含有一種智的直覺。」「知體明覺之感應既是無限心之神感神應，則感無感相，應無應相，只是一終窮說的具體的知體之不容已地顯發而明通也。即在此顯發而明通中，物亦如如地呈現：物之呈現即是知體顯發而明通之，使之存在也。」「如果於此顯發明通中說智的直覺，意即非感觸的直覺，則此智的直覺即只是該知體明覺自身之『自我活動』（意即非被動的活動，因此其活動爲純智的，非感性的）。即於其『自我活動』中，一物即呈現。」並云：「智的直覺亦無直覺相，即無認知相，此即所謂『無知之知』也。純智的直覺即是圓而神的直覺。圓而神的直覺無知相，無覺相，然而亦無不知無不覺也。此即所謂『獨覺』，亦曰『圓覺』。蓋此種直覺只負責如如地去實現一物之存在，並不負責辨解地去理解那已存在者之曲折之

說，此「智的直覺」之所覺者並不是覺外在之對象，其實它只是徹底地覺其內在之自己；易言之，它只是天理良知之逆覺返照其自己，更進而呈現其自己；而良知一經呈現，它便與宇宙天地萬物合爲一體，再無自己與宇宙天地萬物之區隔，一切都只是良知天理之呈現流行。故象山即此而言：「心只是一個心，某之心，吾友之心，上而千百載聖賢之心，下而千百載復有一聖賢，其心亦只如此，心之體甚大，若能盡我之心便與天同」（卷卅五頁 10）。此處象山所謂「心只是一個心」之「心」，顯係踐道者心、性、天通而爲一的「道德本心」，而不是如萬象之紛殊的「經驗心」；換言之，「盡我之心」這主觀的實踐活動即是客觀性理之呈現，亦同時即是絕對的天道之呈現，因盡心乃是踐道者本心實踐之活動，而非認知理解之活動，故由盡我之本心而知天理，即是由本心之實踐以證知，而不是用理智思辨去推斷而知。此處可舉一則實例加以窺見：

> 四明楊敬仲時主富陽簿，攝事臨安府中，始承教於先生，及反富陽，三月二十一日，先生過之。問：如何是本心？先生曰：惻隱，仁之端也；羞惡，義之端也；辭讓，禮之端也；是非，智之端也，此即是本心。對曰：簡兒時已曉得，畢竟如何是本心？凡數問，先生終不易其說，敬仲亦未省。偶有鬻扇者訟至於庭，敬仲斷其曲直訖，又問如初，先生曰：聞適來斷扇訟，是者知其爲是，非者知其爲非，此即敬仲本心。敬仲忽大覺，始北面納弟子禮。故敬仲每云：「簡發本心之問，先生舉是日扇訟是非答，簡忽省此心無始末，忽省此心之無所不通。」先生嘗語人曰：敬仲可謂一日千里。（卷卅六頁 7）

從這段文字記載中，吾人可以看出就本心之內涵言，依孟子之指點則是所謂惻隱、羞惡、辭讓、是非這仁義禮智四端；就知解的層次來說，楊簡（敬仲）兒時早已曉得，但這樣認知的瞭解根本是當不得準的，因爲尙未進到楊簡腔子裡，以是之故，楊簡反覆問之，象山亦只能做如是答，然終不能使楊簡領悟。換言之，只是知解的把握是不可能有眞知實會的理解的，而本心也是不可能發露、見道的；但在楊簡「斷扇訟」的存在境域中，當下的道德實踐即是此本心之發露，象山即於此「本體實踐處」及「本心發露處」指點，使楊簡眞能悟此本心眞宰。明顯的，我們可以看出所謂「本心」並不是抽象的理論，而是存在的呼

相。」以上引文見於牟氏《現象與物自身》頁 98 至 101，若欲深入探討，可再參考《智的直覺與中國哲學》一書。

應及具體的實踐；故楊簡所謂「忽省此心之無始末，忽省此心之無所不通」，即是悟得本心與天理通極爲一的絕對超越，所謂「無始末」也者，即踐道者發露之本心乃是當下隨存在處境之知是知非而一體遍在，而無須再立一個發動或終結的心才能下手實踐；「無所不通」之意，即踐道者發露之本心原本就具有與天理相應感通的實踐力量，而無庸另起落後一著的認知思辨才能進入實踐修養脈絡；準此可言，若欲知「本心」之實義，則踐道者於生活的存在境域中有過著實發顯本心的經驗，顯是較諸任何對「本心」之義加以認知推理之掌握更能深知箇中況味；而於楊簡此則「斷扇訟」之例，我們也一併看出，踐道者本心發顯作用之時，其自身是存在著不自知當下即是其本心之發露地可能的；換句話說，眞踐道者雖不自知當下即是其本心之發露，然此「不知」卻絲毫無礙其本心在生活行履間照樣可以具體呈現；反之，吾人知解上對「本心」之義縱能辨明了知，然此「了知」卻未能保證吾人本心之必然生起，此厥可視爲道德實踐學之一大特色。再如語錄所載：

> 徐仲誠請教，使思孟子萬物皆備於我矣，反身而誠，樂莫大焉一章。仲誠處槐堂一月。一日問之云：仲誠思得孟子如何？仲誠答曰：如鏡中觀花。答云：見得仲誠也是如此。顧左右曰：仲誠眞善自述者。因說與云：此事不在他求，只在仲誠身上。既而微笑而言曰：已是分明說了也。少間，仲誠因問：《中庸》以何爲要語？答曰：我與汝說內，汝只管說外。良久曰：句句是要語。梭山曰：博學之，審問之，謹思之，明辨之，篤行之，此是要語。答曰：未知學博學個什麼？審問個什麼？明辨個什麼？篤行個什麼？（卷卅四頁 24）

以上引文除可具見象山心學之特色外，也一併顯示象山最上乘之施教指點。此處徐仲誠向象山請教道德實踐，象山並不直接道出任何實踐知識，卻只是要其「思」《孟子》萬物皆備於我矣一章；換言之，象山的指點入路乃是欲令仲誠在己身踐道的歷程中具體存在的「實知」，故此「思」字即踐道者之主體性「主動去喚醒心中本具的四端等道德感之謂」；〔註4〕更平鋪說來，象山使仲誠「思孟子萬物皆備於我矣」一章之指點只是引子，而欲仲誠以存在踐履來證知「萬物皆備於我矣」一章之境界才是指點之眞實；準此，仲誠處槐堂一月後，象山問：「仲誠思得孟子如何？」並非詢問仲誠對「萬物皆備於我矣」一章義理之瞭解，而直截是要仲誠在「踐履地上」道出自家體證之眞實，故仲誠乃不隱諱答以「如

〔註 4〕見曾昭旭先生《道德與道德實踐》頁 99。

鏡中觀花」，此即表示自家理智上可以想見得知，然在「踐履地上」對「萬物皆備於我矣」「樂莫大焉」的著實感受，終「如鏡中觀花」般地隔了一層；故象山即此而言：「此事不在他求，只在仲誠身上」，此即表示，「萬物皆備於我矣」的境界乃是任何踐道者當下踐履而使本心開顯時都可如實體證的，而無庸捨此外求；因為踐道者當下存在踐履時其本心亦將隨之一體豁顯，並於此豁顯中與萬事萬物相應感通而渾然合一，更因本心感通的範圍瀰天蓋地無所不及，故踐道者克服私欲呈現本心時，天地萬物乃都在此本心涵融之中；質言之，此時踐道者感通之萬物，乃迥異於吾人日常所見的差別萬物，而直是充滿道德價值意義之萬物，且本心是一切價值之根源，故此時與本心融為一體的萬物自亦呈現著與本心同等的存在意義。〔註5〕

　　然以上象山之點撥，終未能使仲誠即其本體而領悟，故又憑空提問：「中庸以何為要語？」此分明顯示仲誠乃是枝節、外在地欲把捉一個可以奉為圭臬的簡單實踐信條，故象山乃直接就此種懶惰的心態明言：「我與汝說內，汝只管說外」「句句是要語」；可以這麼說，在依差別對待而起的認知思維方式看來，任何書籍之內容必然有主要、次要或渣滓的基本區別，故探求何者為其中精萃乃

〔註5〕經由本節迄今為止三千餘字之討論，我們無法否認，象山顯較常人更容易感受到「宇宙」與「我」間之同一性與涵攝關係，究其原因，或與象山純粹是一陽剛少駁雜的生命氣質有關，以致常人踐道歷程中各種顛倒、矛盾的情狀，鮮少在象山生命中發作過，是以林安梧先生言：「陸象山有很多部分還停留在美學式的道德實踐，感受到人與宇宙之間「詩性的同一」，……這個詩性的同一是怎樣的一個同一呢？它是一種直覺性的同一，並沒通過內在的道德的艱困考驗或者說道德的辯證力不夠。」（見《鵝湖月刊》一七九期〈當代新儒家的實踐問題〉頁11）以上林師引文，係置於陸、王「整體社會實踐」之比較脈絡中言及，故其言確頗中肯；但站在象山學的立場，我們似有理由為象山作如是疏解，此即：每個踐道者都得尊重其本有之生命氣質，並在此基點上從事道德實踐與道德實踐之開展；換言之，我們無法要求踐道者為加強其道德實踐之辯證力，而改變其原有之中性生命氣質，也無法責成踐道者增加其內在道德實踐的艱困度，而選擇另外的家風與時代，以投入各種面向地道德實踐之試煉；準此象山「生命——生活」的背景儘管不如某些儒者——如朱子般擁有較駁雜的生命氣質，或如船山似地經歷「荊天棘地」的時代艱困，並在此背景下表顯其「苦心孤詣」地實踐強度。但我們何嘗不可換個角度說，象山即其本有之生命氣質與時代背景，未始沒有緣此「條件」所給出的另一種形式之道德實踐之內在艱辛？此即是說，「逆境」（指駁雜的生命氣質與艱難的時代背景）固可視為踐道者自我試煉的一大場域，然「順境」（指陽剛少駁雜的生命氣質與較太平之時代背景）又何嘗不是另種艱難度地踐道者自我考驗的實踐場域呢？故此二者實可一體著重。

是認知思維方式衡度文本義理之必然；然自象山本心豁顯的體道境界以觀之，《中庸》裡每一句話都是指向吾人本心之開顯，豈有本、末、渣滓之分別，是以踐道者必得將《中庸》裡每一句話都親切體貼到吾人腔子內相互印證而無礙，才算眞正識得此書的生命內容。〔註6〕準此梭山在旁插嘴：「博學之，審問之，謹思之，明辨之，篤行之，此是要語。」雖能準確道出《中庸》內容之認知精要，然此仍非本質性干乎象山「心即理」說之究竟義，因爲踐道者未能即其本心第一序加以掌握，卻憑空欲「博學之，審問之，謹思之，明辨之，篤行之」，則此無根、外在的「博學之，審問之，謹思之，明辨之，篤行之」，乃是直指不到《中庸》這本渾然是本心之開顯地「活書」是用以開發我人實踐生命的深意的。再如歷史上有名的鵝湖之會，朱、陸雖未能獲得具體交集與共識，然陸氏兄弟此行所寫之詩亦值得在本節加以對照分疏；語錄云：

> 呂伯恭爲鵝湖之集，先兄復齋謂某曰：伯恭約元晦爲此集，正爲學術異同，某兄弟先自不同，何以望鵝湖之同，先兄遂與某議論致辯，又令某自說，至晚罷，先兄云：子靜之說是：次早，某請先兄說，先兄云：某無說，夜來思之，子靜之說極是，方得一詩云：孩提知愛長知欽，古聖相傳只此心，大抵有基方築室，未聞無址忽成岑，留情傳註翻蓁塞，著意精微轉陸沉，珍重有朋相切琢，須知至樂在於今。某云：詩甚佳，但第二句微有未安。先兄云：說得恁地，又道未安，更要如何？某云：不妨一面起行，某沿途卻和此詩；及至鵝湖，伯恭首問先兄別後新功，先兄舉詩才四句，元晦顧伯恭曰：子壽早已上子靜船了也。舉詩罷，遂致辯於先兄。某云：途中某和得家兄此詩，云：墟墓興哀宗廟欽，斯人千古不磨心，涓流滴到滄溟水，拳石崇成泰華岑，易簡工夫終久大，支離事業竟浮沉，舉詩至此，元晦失色，至欲知自下升高處，眞僞先須辨只今，元晦大不懌。（卷卅四頁24）

以上二陸昆仲之詩，顯然承自孟子內聖學之矩矱。復齋（子壽）云「孩提知愛長知欽」，乃脫胎於孟子所言「人之所不學而能者，其良能也。所不慮而知者，其良知也。孩提之童無不知愛其親也（孩提知愛）。及其長也，無不知敬其兄也（長知欽）……。」（盡心篇）至於「只此心」之心即指仁義內在之本心；準此，「大抵有基方築室，未聞無址忽成岑」，即由「源泉混混，不舍晝

〔註6〕象山讀書態度與其本體實踐學之關係，請參見第四章第三節「涵養工夫」。

夜，盈科而後進，有本者如是」轉折而來。蓋踐道者自覺地從事道德實踐，首應緊扣此本心，此才是本質的相干，否則若只知性地「留情傳註」「著意精微」，則是有可能昧於自家本心而流於「翻蓁塞」與「轉陸沉」之歧出的。

　　至於象山詩尤其警策挺拔，更合乎孟子精神。其詩云：「墟墓興哀宗廟欽，斯人千古不磨心」，此則表示，吾人見荒墟墓塚即自然興起蒼茫悲涼之感，見以德性為象徵的聖賢宗廟則自然流露欽敬仰止之情，而此種蒼茫悲涼之感及欽敬仰止之情所表顯的道德心，正是吾人千古不磨不須外求的本心。換言之，此即象山所謂「千萬世之前有聖人出焉，此心同也，此理同也。千萬世之後有聖人出焉，此心同，此理同也」之義。準此象山先前以為復齋「古聖相傳只此心」之句「微有未安」，應有深意存焉。象山之所以言「微有未安」，而不直言「微有未妥」，蓋「未妥」者乃就此義理之不究竟與不諦當而言，然「未安」者乃象山就此句語意之存在感受而言「未安」，並非就此句義理之不究竟諦當而言「未安」；故由象山「斯人千古不磨心」之句之對照復齋所謂「古聖相傳只此心」，即可知象山之「微有未安」，係指吾人「千古不磨」之心，乃人人本有、永恆且普遍、超越的本心，本就不待古聖相傳始得具備而呈現，故象山之「未安」，乃是在唯恐他人誤以為須俟聖賢相傳始能發顯本心的存在戒慎感受中生起，而非謂復齋詩句之義理有何謬誤也。其下「涓流積至滄溟水，拳石崇成泰華岑」兩句，則本於《中庸》二十六章：「今夫山，一拳（卷）石之多，及其廣大，草木生之，禽獸居之，寶藏興焉。今夫水，一勺之多，及其不測，黿鼉蛟龍魚鱉生焉，貨財殖焉」。上述《中庸》對山、水的譬喻則又承上文「天地之道可一言而盡也。其為物不貳，則其生物不測」而來，準此可見象山所謂之本心擴充至於極盡，當下即是可創生地「天地之道」的天理。再者，「易簡工夫終久大，支離事業竟浮沉」句中之「易簡」，則係根據《周易》繫辭上傳第一章所云：「乾知大始，坤作成物。乾以易知，坤以簡能。易則易知，簡則易從。易知則有親，易從則有功，有親則可久，有功則可大。可久則賢人之德，可大則賢人之業。易簡而天下之理得矣，天下之理得而成位乎其中矣」。可見易簡非指實踐方法之易簡，而係從「乾知大始，坤作成物」及乾之知、坤之能來說本心之易簡；換言之，象山心目中之「乾、坤」可視作本心內在性質的一體兩面；當踐道者本心豁顯時，則此「乾、坤」亦將連帶依其內在之法則發動流行，以實現可久可大之價值，準此「乾、坤」在象山心中，非指男女雌雄性別的實存之物，而是「儒家本體宇宙論之開展力與

創生力所形成的『動勢』，而這兩個動勢乃是相對而互含的、辯證且和諧的」；〔註7〕在此意涵下，則「支離事業」所指涉的「留情傳註」，便只落於外在的知解，與相應於道德本心而從事道德實踐並不相干。最後兩句「欲知自下升高處，眞僞先須辨只今」，此是直就內聖之學以明辨講學入路之眞僞；換言之，此眞僞之辨只在踐道者能否當下肯認此道德創造之源的本心，而不在道德實踐學知識見地的比較。

　　總結如上所述，象山「心即理」說可視爲其本體實踐學的主要核心，無論是其自家人格之造就或對受學者人格教育之指點，千言萬語都是以實際體證到「心即理」爲究竟終極；因爲只有踐道者領略本心當下即可無限的風光，才能眞正認識「價值」是在自己的實踐中所賦予，而無庸往外馳逐把捉，反而辜負自家本來靈明自足地本性；也只有踐道者當下體認「我」與「宇宙」的關係是如此內在地相即綰合，才能眞正尊重宇宙中一切存有，而避免將一切主體的生命視爲壓縮的物類而予宰制的人性沉淪；更因踐道者深刻體認此心即是天理，此心即是自我生命的主宰，準此才能免於投靠世俗宗教向外尋求依傍的攀緣，此厥爲象山「心即理」說對世道人心提供的永恆貢獻。

二、本體實踐之理

　　前節已就象山「心即理」說詳盡講明，並從象山本心豁顯所證知之境界加以整體性精神層次之疏解；故本節研究之重點，即係在「心即理」說的基礎上，依其所以達成此種體驗的內在理路架構性的予以撐開，以見象山由「心即理」說所開展的「本體實踐之理」之內容。

　　如前節所示，踐道者呈現之本心當下即是天理，以是本心與天理不二；象山即此又言：

　　　1、萬物森然於方寸之間，滿心而發，充塞宇宙，無非此理。孟子就四端上指示人，豈是人心只有這四端而已？（卷卅四頁21）

　　　2、宇宙間自有實理，所貴乎學者爲能明此理耳，此理苟明，則自有實行，有實事。實行之人所謂不言而信。（卷十四頁1）

如1所示，「萬物森然於方寸之間」，並非靜態橫攝地涵具於心中，更非以昏亂的心識攝取萬物影象承載於其間；就其綰結著「滿心而發，充塞宇宙」的

〔註7〕出處見第二章註1。

脈絡來描述，這分明是一種根源於本心的實踐行動；所以此「方寸」不是被動接受「萬物」之賦予，它必得是一能創生、作用的道德本心，才能充盡「滿心而發」，一如四端之能擴充發動、實現價值。值得注意的是，象山雖然通過孟子「四端說」來詮釋此心，但他顯然強調「本心」承體起用的自如伸展，故他也說：「人有是四端，以明人性之善，不可自暴自棄。苟此心之存，則此理自明，當惻隱處自惻隱，當羞惡當辭遜是非在前，自能辨之。又云：當寬裕溫柔自寬裕溫柔，當發強剛毅自發強剛毅。所謂溥博淵泉，而時出之。」（卷卅四頁2）可見此本心乃是靈明覺知，能就萬物實際之存在處境，發為各種適得其宜的價值抉擇與行動實踐，故所謂「溥博淵泉，而時出之」，即指此本心為生命取之不盡的活水，能如實在生活中全面地灌飫萬物，而不必僅止於「四端」的範疇而已；因此象山所謂「無非此理」，便不是泛然知見所瞭解之理，而必得是本心實踐所成之理，此即所謂「實理」。再如2所示，此依本心實踐所成之「實理」一旦為吾人內明於心，便即可一體生發為真實無妄的實踐行為，此即所謂「實行」，且此實踐行為所表顯之行事內容，必然也是一不折不扣的「實事」。質言之，似此從內至外體用兼賅的「實理」「實行」「實事」之踐道者的人格輝光，自會予人「不言而信」的感化力量。

故象山乃於上述基點直言「天秩、天敘、天命、天討皆是實理」（卷十二頁5），如此看來，所謂的「實理」一方面是根源於道德實踐的，此即所謂的「實踐之理」，另一方面它又是根源於本體的，此即所謂的「本體之理」；又因「本體之理」與「實踐之理」乃是同一個理，準此我們可以合稱之為「本體實踐之理」。如果再切近加以分疏，則「本體實踐之理」乃是通過「即事言理」「即理體事」的實踐工夫，並以廣大的生活世界為背景的，而且是上遂於一生化活化的「道德本體」；此「道德本體」就其究竟而言即是「道」，而就人之發動處言即是「本心」。為了配合論文理論性架構之展開，以下爰分三節，將「本體之理」與「實踐之理」方便區分，最後再加以縮結地整體討論。

（一）「本體之理」之意涵

如前所述，象山的「實踐之理」乃是上遂於一生化活化的道德本體，此本體就其究竟而言即是「道」，此「道」象山或有以「皇極」、〔註8〕「上帝」、

〔註8〕象山對「皇極」意義之體認，乃係通過其對《尚書》文本展開之「本體詮釋」，嘗云：「《尚書》一部，只是說德；而知德實難」（卷三十五頁1）。可見《尚書》在象山的理解意義中，不必單指古代官方文件之彙編，也不只是上古時代政

「天」等語以表之。茲為究明此「道」之意涵，筆者爰方便將「本體之理」獨立開來，以窺此「道」的各個面向。象山云：

> 道攝宇宙，非有所隱遁，在天曰陰陽，在地曰柔剛，在人曰仁義。（卷一頁6）

顯見象山是將「道」做為整個宇宙的總攝體，此「道」並非隱藏不可得知，就其展現於宇宙之三極便為陰陽、柔剛與仁義，〔註9〕因它乃是遍在並與一切存有息息相關的。象山即此而言：

> 語大，天下莫能載焉。道大無外，若能載則有分限矣！語小，天下莫能破焉，一事一物，纖悉微末，未嘗與道相離。（卷卅五頁32）

然此「道」與一切存有的關係，究竟為何？象山云：

> 此道塞宇宙，天地順此而動，故日月不過而四時不忒，聖人順此而動，故刑罰清而民服。（卷十頁3）

可見此「道」在象山生命體驗中，宇宙萬有必皆依循它運作流轉，才能顯現其在宇宙中正面存在的功能與意義；反過來說，宇宙萬有若不依循此「道」運作流行，則此存有便可能失去軌持而導致失序。顯見此「道」高明神妙無與倫比，然則它還有那些先在特性呢？象山言：

> 道在天下，加之不可，損之不可，取之不可，舍之不可。要人自理會。（卷卅五頁3）

也就是說，此「道」原本即是宇宙間圓滿具足的「最高實現原理」，人為力量對它再怎樣欲有所施為，一點也無法增加或損減它本身內在的圓滿；所以象山又云：「且道天地間有個朱元晦、陸子靜便添得些子？無了後便減得些子？」（卷卅四頁14）「人能宏道，非道宏人。此理在宇宙間，固不以人之明不明、行不行而加損。」（卷二頁8）可見任何人欲真正實知此「道」，沒有其他捷徑可循，必得是自己生命如實投入體驗此「道」的實踐脈絡中，才能證知此「道」

治思想之記載，而是一部有益於吾人德性生命提撕，並可啟發吾人本心開顯的活經典，故其解皇極云：「皇，大也。極，中也……是極之大，充塞宇宙。天地以此而位，萬物以此而育。」（卷二十三頁7）又云：「皇極之君，斂時五福，錫厥庶民。福如何錫得？只是此理充塞乎宇宙。」（卷三十五頁4）可見此「皇極」之義等同於「道」之意涵。

〔註9〕此在「人極」而言的「仁義」即是本心，故象山云：「仁義者，人之本心也。」（卷一頁6）不單止此，象山全集中，「良心」、「良知」、「常心」、「明德」、「太極」、「中」、「和」、「道」等語也是此「本心」之異名或描述語，只是出現次數多寡不一而已。

之圓滿已然臻於極致；反過來說，此「道」雖圓滿佈現於宇宙間，然吾人若不依循此「道」的本質脈絡去契入體認，則此「道」照樣可以與吾人生命渺不相干。準此，吾人便可究詰此「道」具備何種內容，致為踐道者必須體認取法？象山言：

> 1、天之所以予我者——至大、至剛、至直、至平、至公，如此私小做甚底人？須是放教此心公平正直，無偏無黨。（卷卅五頁 8）

> 2、能知天之所以予我者至貴、至厚，自然遠非僻，惟正是守，且要知我之所固有者。（卷卅五頁 7）

原來此「道」具備一切助成踐道者徹底地做個「人」的先在性質，只要踐道者依循此「道」的內在理則去學習實踐，便可造就自己具備等同於此「道」的一切特質。換言之，「道」之於我人的關係，並非高高懸掛在彼不可企及的隔離狀態，反之，它乃是以「至大、至剛、至直、至平、至公」的形上特質直接而切近地默默啟示踐道者與它靠攏親近，甚至與它渾化為一彼此涵融。要點出的是，此時「道」與吾人的關係並非對立背反，亦心非「道」主動下來對踐道者加以塑造指導使之改變；因為「至大、至剛、至直、至平、至公」等特質本非此「道」的道德實踐已然圓滿如「道」一般，則「道」（天）與「我」（心）的關係便即是一體同質無所區隔的，此時兩者只是「光明」與「光明」的平行交往（即彼此都可自行發光，互涵互攝，沒有絲毫質礙牴牾）。但若落到一現實世界——踐道者本身之境界未必等同於「道」（天）來說，則「道」（天）與「踐道者」之間便存在著「前者」可做為「後者」取法學習的對象之關係。在這樣的意義下，始可言「天之所以予我者至貴、至厚」，因這樣的敘述必得在踐道者於「道」之內容有所契會承接時才成立的；再換個角色來說，此「道」既是「我之所固有」，則與其說踐道者是向「道」（天）師法學習，勿寧更直截地說，踐道者乃是向「我之所固有」的「真正自己」學習——此即，我心中本具的「本體之理」，乃是可以造就我成為與「道」（天）同質的踐道「導師」，而不必往外另有所尋。也因此象山亦言：

> 道可謂尊，可謂重，可謂明，可謂高，可謂大。（卷卅五頁 21）

不僅此「道」本身之特質可謂為「尊、重、明、高、大」，甚且踐道者亦可於「踐道」本身證得這五種「道」之特質。然而為何一般常人卻體會不到此「道」在己身之流行充滿，甚至與它悖離相左呢？象山言：

> 1、道在宇宙間，何嘗有病，但人自有病。千古聖賢只去人病，如何

增損得道？（卷卅四頁1）

2、道遍滿天下，無些小空闕。四端萬善皆天之所予，不勞人妝點，但是人自有病，與他間隔了。（卷卅五頁13）

3、道大，人自小之；道公，人自私之；道廣，人自狹之。（卷卅五頁13）

顯然此「最高實現原理」的「道」不能對吾人有所啟示，用以豐富、莊嚴吾人生命，原因端在吾人心靈自有諸多──「自小、自私、自狹」之類的弊病，才阻塞了「道」與吾人的交通互動。那麼要怎樣實踐才能上契此「道德本體」而得其受用呢？象山言：

1、小心翼翼，昭事上帝。上帝臨汝，無貳爾心。戰戰兢兢，那有閒管時候？（卷卅五頁14）

2、無事時不可忘，小心翼翼，昭事上帝。（卷卅五頁18）

3、道塞天地，人以自私之身，與道不相入，人能退步自省，自然相入。（卷卅五頁22）

4、平居不與事接時，切須鞭策得炯然，不可昧沒，對越上帝，則遇事時自省力矣！（卷十一頁2）

可知，「踐道者」必得隨時對此形上「道德本體」──「上帝」〔註10〕隨時主動「昭事」，類似信徒之於信仰般的如實奉持，〔註11〕則此「道」自能對其有

〔註10〕此處「上帝」之所指，自然不是宗教的人格神，而係「儒家由天命不已，天地之道的道體所表示的創造，也叫做創造性自己，創造性本身」（見牟先生《中國哲學十九講》頁117）。而象山引用「上帝」二字應係沿承自《尚書》或《詩經》，此如《尚書》〈召誥〉篇云：「皇天上帝，改厥元子茲大國殷之命」「王來紹上帝，自服于土中」、〈多士〉篇云「我聞曰：上帝引逸」「惟時上帝不保，降若茲大喪」、〈君奭〉篇云：「我亦不敢寧于上帝命」。另《詩經》〈文王〉亦云：「上帝既命，侯于周服。」「殷之未喪師，克配上帝。」〈大明〉篇云：「小心翼翼，昭事上帝。」「上帝臨女，無貳爾心。」〈皇矣〉篇云：「皇矣上帝，臨下有赫。」凡此可為佐證。

〔註11〕如果允許筆者方便比方，則耶教的禱告或佛家淨土宗的念佛修持法門顯有類似「小心翼翼，昭事上帝」「不可昧沒，對越上帝」之處，此可舉佛經語契入其具體情境，此如：「我憶往昔恆河沙劫，有佛名超日月光，教我念佛三昧。譬如有人，一人專憶，一人專志，如是二人，若逢不逢，或見非見。二人相憶，二憶念深，如是乃至從生至生，同於形影，不相乖異。十方如來，憐念眾生，如母憶子，若子逃逝，雖憶何為？子若憶母，如母憶時，母子歷生，不相違遠。若眾生心，憶佛念佛，現前當來，必定見佛，去佛不遠，不假方

所啓發；換言之，只要踐道者將此「道」（上帝）攝存於心，不使放失，則其一旦「遇事」與物交接，自能不爲事物牽引去而造成生命之退墮。故「小心翼翼」「戰戰兢兢」者，言其「敬」也。上帝者，乃此本體眞宰也。「無事時」「平居不與事接時」乃意指心無所對待也。心無所對待則當歸於寂，但此寂並不是空無之寂，而是回返本體之自身，本體之自身（眞宰）即所謂之上帝。人並不是可以任意隨其起心動念對待此上帝，而是通過「敬」的工夫回歸此上帝，是以所謂「人能退步自省」，即是依「敬」而起的入道準備，以使踐道者之本心與本體合一而俱是寂。象山便即於此本心與本體合一處而言涵養。所謂涵養者，涵養本心也。涵養本心即是「小心翼翼、昭事上帝」，此二者實是同一事。換言之，道德實踐主體的涵養乃是通過對那「形上本體」的禮敬而來，而對此「形上本體」的禮敬正也是本心之涵養。

　　由是而言，依「敬」而言「寂」，則寂並非「空寂」而是「敬寂」。「空寂」乃是一空無之寂或死寂，明顯缺乏創生性、開展性之意涵，但「敬寂」則是「即寂即感」，可以依「敬」而起創生、開展之作用。故象山云：

> 1、我無事時，只似一個全無知無能底人；及事至方出來，又卻似個
> 無所不知無所不能之人。（卷卅五頁 18）

> 2、某平生於此有長，都不去著他事，凡事累自家一毫不得。每理會
> 一事時，血脈骨髓都在自家手中，然我此中卻似個閑閑散散，全不
> 理會事底人，不陷事中。（卷卅五頁 21）

如上所云，無事心無所對待時則歸本於「寂」，而此「寂」又是「敬寂」，故踐道者即此昭事其「本體自身」（上帝）時，己身恰似「無知無能」「閑閑散散」般地，只在此虔誠「禮敬」中與之周浹，全然付託，並在此付託、周浹中使自己充注與此「本體自身」（上帝、天、道）同樣內容的無限能量──至大、至剛、至直、至平、至公；以致當其「事至」承擔時，乃能「即寂即感」普遍發用，「恰似個無所不知、無所不能之人」「血脈骨髓都在自家手中」；換言之，此能創生、開展之「感」，不是被動繫屬於「物」爲其所縛之「感」，

便，自得心開。」（見《大佛頂首楞嚴經》〈大勢至菩薩念佛圓通章〉）上述引文中之「母」與「佛」，在此可比擬爲形上道德本體──「上帝」（道、天），而「憶佛念佛」之「憶念」，顯然即踐道者（子、眾生）虔敬地「昭事」態度；換言之，只有踐道者昭事「上帝」（道德本體）如母憶子般地深切無間，久之便能「自得心開」「與道相入」，不再迷失「違遠」其自己，準此而言：儒家雖非宗教，然其踐道工夫歷程含有宗教特質，應是可以肯認的。

而是本心之感，亦即是由「敬」所發出之「感」，這樣的「感」乃是具體而存在的呼應，並且是由本體通向具體事物的，所以它不是一種認識，而是直截指向實踐的。

準此我們可對本節所論加以總結：所謂「本體之理」的總攝體——「道」，就其在宇宙間三極言便爲陰陽、剛柔、仁義。但整體準確說來，它則是使一切萬有成其爲眞正自己的「最高實現原理」；一如筆者所一再揭櫫，此「本體之理」的核心——「本體自身」，並非外在於我人之生命，所以踐道者從事道德實踐，平素即應在此心無所對待時，以最虔誠相應的「禮敬」之心，順遂地回到「本心」與「本體」合一的生命本然狀態（寂），並在此生命本然狀態中昭事涵養，使培育、灌注「本體自身」所本具的生命德行與無限能量。

如此說來，此「本體之理」便不能只是單方面存在，此因踐道者既須回返「本體自身」——生命最純粹本然的眞實狀態，所以必得有契入此「本體之理」的內在「實踐」（昭事）態度，才能有效回到「本體自身」從事涵養，所以「實踐之道」之被揭出便是不可缺少的。再者，踐道者也不能只是永遠停滯於「本體之理」的「體」中，而無法「即體起用」，所以它勢須將在「本體自身」從事涵養所獲致之生命內容與無限能量，「能寂能感」地如實灌注於具體生活中，此更明白指向——只有落實於「實踐」，才能避免「本體之理」的存在孤絕落空。總之有上述兩點「實踐之理」無法被漠視的理由陳述，則在本節「本體之理」之義已然彰明闡述後，下一節次吾人便應集中於「實踐之理」意涵的相關討論。

（二）「實踐之理」之意涵

如前所述，象山「心即理」（本心即天理）說之「天理」乃是「實理」，它之能落實人間彰顯價值，必得基於具體的道德實踐，故此理即所謂「實踐之理」，而「實踐之理」又不能自外於「本體之理」；準此象山言：

> 道外無事，事外無道。（卷卅四頁 1）

可見，「道」與「事」必得相互依存而成立；捨「道」而言「事」，則「事」便失去了「道」的指導，而無所貞定依止；捨「事」而言「道」，則此「道」便失去實踐的著力點，勢必掛空無從落實，故只有「道」「事」合一（「本體之理」與「實踐之理」合一）即「事」而言「道」，則此便不祇是言語之表詮，而是指向眞正的實踐之學。然則實踐之事究將如何展開？象山言：

> 有志於道者，當造次必於是，顚沛必於是。凡動容周旋，應事接物，
> 讀書考古，或動或靜，莫不在時。此理塞宇宙，所謂「道外無事，
> 事外無道」，捨此而別有商量，別有趨向，別有規模，別有形跡，別
> 有行業，別有事功，則與道不相干，則是異端，則是利欲爲之陷溺，
> 爲之白窒。說即是邪說，見即是邪見。（卷卅五頁31）

由是可知，象山所言之實踐乃是針對生活的整體性內容而說，故「或動或靜，莫不在時」，〔註12〕而此「整體性內容」除了不准「實踐者」在時間之流中因實踐之艱困而間歇停滯外，亦不許摻揉別種異乎「實踐之理」內容的任何夾雜（「別有商量」意味對「實踐」本身猶存質疑可打折扣之謂；「別有趨向」則根本與「實踐」之道悖離；至於「別有規模、形跡、行業、事功」則其存心亦有所扭曲而不純正），故凡動機雜有絲毫閃失異化的所謂「事上實踐」，都與象山「實踐之理」的本質毫不相涉。此原因無他，象山明言：

> 1、不於其德，而徒繩檢於其外，行與事之間，將使人作僞。（卷三
> 十五頁25）

> 2、必先言其人之有是德，然後乃言曰某人有某事。有某事，蓋德則
> 根乎其中，達乎其氣，不可僞爲。若事則有才智之小人可僞爲之。（卷
> 三十四頁7）

顯然，象山「事上實踐」的重要前提，必得是由心之「德」內在發出，才能保證此實踐之「事」爲「德」所灌注。所以若僅就外在事相表現來評斷「實踐」之眞假，則任何「有才智之小人」皆可作僞。但若繫屬於內在心之「德」來立說，則它乃是主體不已於自己的自然發露，故無半縷勉強造作成分，此始是爲心之「德」；值得強調的是，此處象山「實踐之理」的內在分解次序爲——「德（心）→氣→事」一體發用的活動歷程；若再局部放大予以揭示，則此「心」乃是即存有即活動的「德性內容」，當它由內往外通貫於具體的「事行」時，其間必有一活動體（氣）通往「德」（心）與「事」之兩端。所以此「活動體」（氣）不能只是單純的媒介而已，它除應保證執行「德（心）→事」

〔註12〕針對「或動或靜，莫不在時」一語，象山曾有補充：「若本心之善，豈有動靜
　　　語默之間哉！」（卷四頁7）並言：「本心若未發明，終然無益。若自謂已得靜
　　　中工夫，又別作動中工夫，恐只增擾擾耳！何適而非此心，心正，則靜亦正，
　　　動亦正；心不正，則雖靜亦不正矣！」（卷四頁8）可見動靜問題不是本質關
　　　鍵，只要踐道者本心已然豁顯，則動靜只是隨順其本心在生活行履因緣中自
　　　如表現而已。

完全如實貫徹外，它自己亦須是可供檢驗「德（心）→事」是否眞實無僞的對象。若勉強對此「活動體」（氣）予以定義，則此「氣」似可視爲「德」（心）在一具體踐道者身上所展現的形體與精神合一的活動狀態；〔註 13〕在這個意義下，吾人若欲檢驗「某人」是否「眞有某事」，一旦無法超越形體局限直接第一序「以吾心證知彼心」時，則透過第二序的方法對彼之「氣」〔註 14〕加

〔註13〕討論此「氣」不可避免地涉及孟子的「踐形觀」與「養氣」理論，故此處應一併提及；在儒家「生命之學」的理解意義中，顯然可以不將身與心視爲兩種絕對異質的範疇；故踐道者道德意志發動時，它本身同時即是一種生理性質的力量，這種生理性質的力量顯可滋潤、轉化或體現此踐道者之形體特質；若從此道德意識運作時的生理現象來說，我們將會發現：伴隨著踐道者主體道德意識的昇華及擴大，某種生命性質的力量也將一體相隨成長，此時這兩者便如兩束蘆葦般地互倚不倒，若缺少其中一項，都不能使另一方如理舒暢地流行；所以踐道者之形體所以能「胸中正，則眸子瞭焉。」（離婁上）「其生色也，睟然見於面，盎於背，施於四體，四體不言而喻。」（盡心上）其根本原因，不是以人的道德意識強加在形體上的結果，而是人體內部本來就具足這種潛能；所以形體不只是貌像聲色，具備各種知覺功能而已，在它後面還瀰漫著充盈於身體地毫無歉虛之處；但這種體氣也還不是最終極的，在其背後還伴隨著良知流行時一種極隱微、前知覺的「內氣」。所以形體生色之原因，乃是良知流行，不斷轉化體氣，而此轉化的體氣充盈全身後，復可參與到人的感官知覺來，故由良知神氣之流行→體氣之充分轉化→形體之徹底精神化，我們可以看出這是種不斷擴充，再影響及於價值中立區域，使之完全轉化成道德成就表徵的一種過程。以上「踐形」與「養氣」的相關理論，請參見黃俊傑〈孟子思想中的生命觀〉（清華學報78年6月新十九卷第一期），及楊儒賓〈論孟子的踐形觀——以持志養氣爲中心展開的工夫論面相〉（清華學報79年6月新二十卷第一期）二文。

〔註14〕象山全集中言及「氣」著，其義大抵有三：一指形骸血氣，此乃生命未經修養前所表現的自然生命之「氣」；此如：「一種恣情縱欲之人，血氣盛強，精力贍敏，淫朋醜徒，狎比成勢……」（卷十二頁6）及「人之精炎，附於血氣，其發露於五官者，安得其正？」（卷三十五頁24）；其二則指經由生命修養昇華而成的絕對純粹光明之「氣」，此如「居處飲食，適節宣之宜，視聽言動，嚴邪正之辨，皆無暴其氣之工（功）也！」（卷三十四頁12）以上這兩種「氣」表面看來似乎截然對反，其實它們內在仍有相當程度之牽繫；此即：後者純粹光明之「氣」並非憑空得來，它乃是在前者形骸血氣的基礎上，經過修養工夫之落實所形成的正面良性轉化之「氣」，所以儘管此「氣」業已提升淨化，不再芒昧妄動，但本質內它仍保留著部分貌是生命修養也無法改變地——形骸血氣中那種獨特本有的「中性質素」，而形成此踐道者獨一無二的特殊生命表徵；至於第三種「氣」，則指踐道者從「形骸血氣」轉化提升到「純粹光明之氣」途程中——那種既不全然是「形骸血氣」，也還不屬「純粹光明之氣」的「混合摶揉狀態之氣」，此如：「一學者聽言後，更七夜不寐，或問曰：如此莫是助長否？答曰：彼蓋乍有所聞，一旦悼平昔之非，正與血氣爭塞作主。」

以檢驗，便可得知彼「心→事」是否眞從「實踐之理」所發出之「道德實踐」。
所以象山即此亦言：

> 今學者但能專意一志於道理，事事要睹是，不肯徇情縱欲，識見雖
> 未通明，行事雖未中節，亦不失爲善人正士之徒。（卷四頁 10）

可見「事事要睹是」乃係象山「道德實踐」所究竟揭櫫的——只要是道德實
踐之「事」，必得是原原本本滴點不漏的爲「道德本心」所灌注，容不得分毫
與「欲私心」有所掛鉤扯污；只要上述前提能夠確立，則「識見」「行事」縱
使未臻盡善盡美，然此踐道者人格都還在「德行之門」的涵蓋中。再者，「事
事要睹是」乃「道德實踐」最要緊扣的環節，此處一旦異化鬆動，「道德實踐」
便可能瓦崩石裂名實俱亡。兩相對比下，「識見雖未通明，行事雖未中節」的
小疵，便顯得較爲次要無庸苛責。針對於此，象山亦有所補充：「要常踐道，
踐道則精明。一不踐道便不精明，便失枝落節。」（卷三十五頁 14）顯見「識
見雖未通明，行事雖未中節」的小疵可經由不斷的「踐道」學習過程而逐漸
改良或予泯除。同樣地，若有人因任何理由而排斥「踐道」，象山也一律視爲
「若心在道時，顚沛必於是，造次必於是……只要勤與惰，爲與不爲之間。」
（卷三十五頁 15）而不容有任何推拖與遁詞。象山並即此而對不經由「道德
實踐」而「任事」者有極深刻的察知：

> 1、人心只愛去泊著事，教他棄事時，如鶻孫失了樹，更無住處。（卷
> 三十五頁 17）
>
> 2、人不肯心閑無事，居天下之廣居，須要去逐外，著一事，印一說，
> 才有精神。（卷三十五頁 18）
>
> 3、勿無事生事。（卷三十五頁 17）

原來「心不在道」者之於「事」的關係，由於缺乏內在自覺從事「道德實踐」
之覺知，所以無法如眞「踐道者」般地「心閑無事」，以致自己安止不住自己，
必得往外把捉一些物事，生命才活得有精神有樂趣，也才能緣此自我肯定；
一旦其「無所可事」時，整個精神便將失去外在倚靠而頹然委頓。準此我們
可以看到，象山的「實踐之理」是如何奠基於一紮實的「內聖」工夫，此「心

（卷三十四頁 26）以上所謂「更七夜不寢」的生命表現，即是前兩種「氣」
在踐道者心靈「天人交戰」時發露的第三種「混合摶揉之氣」；然無論此三種
「氣」的外在形式多麼繁複，在象山學義蘊中，這三種「氣」顯然都是可以
用來檢驗踐道者之實際修爲的。

閑無事」也者，不是尋常義的「無所事事」，而是一能收發自如可以作用的修養境界。他固然可因內在生命的實踐要求，在尋常日用的生活行履中「即事而踐道」，但此處所言的「事」，乃是完全承接著「本心」之所從發，而非賴以打發多餘精力的「泊著事」；進一步而言，如果踐道者生活的存在處境由其「本心」所感而不須有所發用，則它也能順適地「心閒無事」「勿無事生事」，而免於淪爲心靈攀緣外境胡亂追逐把捉的「虛歉生命」。

總結如上環繞著象山「實踐之理」的論述，我們可舉較具象的實例以窺全貌：

1、悠悠日復一日，不能堪任重道遠之寄，此非道也；貧窶不能不爲累，此非道也；學如不及，學而不厭，憂之如何？如舜而已者，道當如是故。簞食瓢飲，不改其樂，肘見緮絕，不以爲病者，道當如是故也。（卷六頁4）

2、問：顏魯公又不曾學，如何死節如此好？曰：便是今人將學將道看得太過了，人皆有秉彝。（卷三十五頁16）

顯然象山的「道德實踐」乃是立根於廣大生活世界而言「實踐」，並且是即人間的存在處境而表顯其「踐道」的普遍特色。所謂「人皆有秉彝」，乃意味「道德實踐」乃人人先在具備，不必經由後天的學習始可如實發出。所以不管就個人單純的德性生活——「簞食瓢飲」「肘見緮絕」，或是與整個時代歷史綰結爲一的踐道事蹟——「死節」來說，它都是「踐道者」心靈修爲躋於絕對超越境地，才能將「踐道行爲」視爲無可對人矜誇的「平常本分事」，如此始可平鋪平淡道出「道當如是故」。〔註15〕換言之，此「道當如是故」乃是一反於常人以「踐道」爲苦爲懼而顯其意義，也是在異於常人偶一「踐道」即無法以平常心看待的執著中顯其深邃造詣。更著實說來，「任重道遠之寄」「貧窶」「簞食瓢飲」「肘見緮絕」，乃至犧牲性命的「死節」等等踐道事蹟，都是大大違異於常人貪求「形軀我」滿足的生理本能的，所以象山「實踐之理」實非西洋心理學家馬斯洛主

〔註15〕所謂「道當如是故」一語雖係平平無華地簡單敘述，但此語似乎不無深意存焉：故語錄記載：「先生語伯敏云，近日向學者多，一則以喜，一則以懼。夫人勇於爲學，豈不可喜，然此道本日用常行，近日學者卻把作一事，張大虛聲，名過於實，起人不平之心，是以爲道學之說者，必爲人深排力詆，此風一長，豈不可懼？」（卷三十五頁5）可見象山「道當如是故」一語，顯然不無警惕時人勿將道德實踐過分掛在嘴裡標榜，以免阻礙「心性之學」順遂發展的用心。

張的「人類五種需求層次」理論所能概括；〔註16〕再者，就一般具體的現實人生而言，縱或有人非出於主觀意願而遭逢上述五種人生際遇，然其心存有若干自卑、不甘、不平或冀求人知的幽微心念，卻也可以想見得悉，所以象山「實踐之理」的特色，便是在這種完全免除上述「心累」的對比中表顯出來；是以象山屢言「若眞是道義，則無名聲可求，無勝負可較，無才智可恃，無功能可矜」（卷七頁8），可見象山「實踐之理」非尋常一般性的處世哲學，反之，正因此「實踐之理」確實一無可恃、一無可矜，它才道道地地在此無可恃、無所務的「絶待」中表顯其「道德實踐」之自然莊嚴。故如果只以一語總括象山「實踐之理」之深意，則此厥爲：

> 道非口舌所能辨，仔細向腳跟點檢。（卷七頁3）

此意即：最眞實的「生命眞理」，不勞踐道者以口舌「言說」來辨析描摹，只有踐道者把握每一個生命當下的「生活基本功」，讓生活完整烙下生命實踐之「腳印」，這才是第一義諦的「道」之眞實。

　　準此，吾人可對本節「實踐之理」加以總結；此即：象山「實踐之理」雖然側重在具體之「事」，然此「事」必得縮結著踐道者對「道」（本體之理）之全幅體認而進行；即此而言，理論上「本體之理」雖係先於「實踐之理」存在，但若脫離了「實踐之理」之發用，則「本體之理」便如空中閣樓，形同虛設；故只有置於「生活化儒學」脈絡中，兩者同時互動進行，才能賦予其完整意義。再就此「道」本身渾無時間限制與動靜之分，所以踐道者的生活世界，便是一「莫不在時」能靜亦能動的踐道生活世界；就其「能靜」之面向言，踐道者可隨時「心閒無事」「勿無事生事」；就其「能動」之角度來說，則踐道者發用之「事」，便係從「心之德」所灌注──視爲「道當如是」無須矜誇示人的「平常本分事」。所以儘管以上只是「平面、知性」地總結，

〔註16〕馬斯洛「人類需求層次」理論，基本上分爲由下而上逐次發展的五層：第一層爲生理需求（饑、渴、性等滿足），第二層爲安全需求（包括穩定、有保障、有秩序），第三層次爲歸屬需求，第四層爲尊重需求（包括敬愛與自尊），第五層次則屬自我實現：換言之，馬氏以爲高階層的需求只有在低層的基本需求獲得滿足之後才會出現。反之，下層的基本需求若不得滿足，則下層以上的需求人們通常不加理會。以上理論最大的缺陷，是將人類視爲一「社會學」意義下的「客觀實有」，以致人性內在各種自律美德弘揚的可能在此「張孔」下幾乎泯失不存：筆者無意否定馬氏之理論有其部分適應性，但由生命修養、道德實踐所致之人格「自我實現」（無論是儒、佛、耶），顯然都不能被如此簡單地化約解釋。以上馬氏理論參見劉安彥《心理學》頁319。

但若將上述分疏轉換成一眞實活動的人生情境，則象山「實踐之理」正明白表顯著道德實踐的生命莊嚴，足爲後世未死者留下最美麗的典範與人格篇章，此厥爲人生最綿長不朽的眞實存在。

（三）「本體實踐之理」總說

經由以上兩節的討論，可知「本體實踐之理」乃是將「本體之理」與「實踐之理」通極爲一而言，但此非指上述三者可以分開並打成三橛，只是權且爲疏解方便設立而已。須強調的是，「本體實踐之理」必得基於「本體之理」與「實踐之理」都已爲「踐道者」如實貫徹臻於極致方始成立；也就是說，「本體實踐之理」必須視爲象山全然把握，並由腔子內所流出的「證道語」，而不許只是理論或依違兩可的假設命題，在這樣的基礎上，才能討論象山「本體實踐之理」所關涉的一切論題。象山云：

　　1、道也者，不可須臾離也，可離非道也。（卷十三頁1）

　　2、道理無奇特，乃人心所固有，天下所共由，豈難知哉？（卷十四頁2）

　　3、吾之道眞所謂夫婦之愚可以與知。（卷三十四頁10）

顯然象山是站在已然「踐道」的基點上，再回過頭來鼓勵迄未踐道者——「道」必須隨時與吾人生命打成一塊，否則離開自家生命的「道」絕非眞正之「道」；又因此「道」乃吾人本心所內具，所以它乃是無分男女性別、資稟利鈍的普遍之人都可參與證知的。象山即此而言：

　　苟不明道，則一身之間無非怪，但玩而不察耳！（卷三十四頁6）

此即顯示，此「道」雖然「夫婦之愚可以與知」，但卻不容因其易知而疏於實踐；倘使不能經由實踐而「明道」，則其人之生活行履必然缺乏內在自覺的指導，而將隨順個人先天習氣而造作營爲。所謂「一身之間無非怪」一語，不必專指生活行爲中罪惡的「粗相」，它也可以單指日常生活未能如法中節的「細微相」，〔註17〕由於此「不明道者」早已習慣這樣放任血氣的自己，而渾

〔註17〕此處所謂「細微相」如果更準確地分疏，則不必專指生活中未能如法中節的「細行」，而應視其爲與象山「本體實踐學」內容相契之程度而言其「細微」。故象山嘗云：「所謂曲學詖行者，不必淫邪放僻，顯顯狠狠如流俗人不肖子者也；蓋皆放古先聖賢言行，依仁義道德之意，如楊墨鄉原之類是也。此等不遇聖賢知道者，則皆自負其有道有德，人亦以爲其有道有德，豈不甚可畏哉？」（卷三頁

無「一身之間無非怪」的自覺，但此「細微相」在有「知人」之明的「踐道者」眼中，便顯得非常清楚。準此，象山乃就常人與「本體實踐之理」相左的原因如是視之：

　　1、人之所以病道者：一資稟，二漸習。（卷三十五頁 13）

　　2、大抵學者各倚其資質聞見，病狀雖復多端，要爲戕賊其本心則一。
　　（卷五頁 4）

如上所示，常人所以無法融入「本體實踐」的修養脈絡，原因大抵有二，一爲個人先天「資稟」的本質問題，其二則爲個人後天生活環境與己心濡染影響之問題。就前者所言之「資稟」問題，象山明言：「資稟好底人闊大，不小家相，不造作閑引，惹他都不起不動，自然與道相近」（卷三十五頁 22），顯見象山並不否認先天氣性稟賦對吾人從事「本體實踐」之難易有重大影響，故凡是胸壑廣大、生活中碎末枝節無法勾動其心的人，自然較易契入「本體實踐」的修養脈絡。所以象山亦云：「此道非爭競務進者能知，惟靜退者可入」（卷三十四頁 3），所謂「爭競務進者」其心顯有諸多不平的差別對待，及緣此而來對外在現象的追逐把捉，故難以安於「本體實踐」的內向修爲入路；反之「靜退者」之資稟猗退內斂，自然容易與「本體實踐」的內聖之路相通，準此象山又云：「畢竟退讓安詳之人自然識羞處多……別有一種人安詳退頓，則只消勉之使進，往往不致有狂妄之患。」（卷六頁 9）「安詳沉靜，心神自應日靈，輕浮馳驚，則自難省覺」（卷十四頁 4）可見先天「資稟」對吾人從事「本體實踐」確實存在著順成或限制的關係，但此「資稟」畢竟是天生給出，無法在開始的源頭處予以改變，所以象山教人大抵針對「漸習」這個病道的層次加以指點，嘗云：「人之所喻，由其所習，所習由其所志。」（卷二十三頁 1），此處所謂「志→習→喻」的每個環節，都是踐道者可以即其今生聞道之時，當下開始下手從事的，而不必再就個人無法著力的「天生資稟」問題苦苦追究，以致延宕了現前生命可以重新開始的實踐契機。象山即此再就「本體實踐學」與常人契入的難易程度言：

　　1、此道與溺於利欲之人言猶易，與溺於意見之人言卻難。（卷三十
　　四頁 4）

3）顯然，在象山的理解裡，似楊墨這般「有道有德」卻未能契入儒家「本體實踐學」的踐道者，才是著實「曲學詖行」的代表，可見象山的評量標準，極其深細透入其評量對象的生命內容，而不只是觀其外在生活表現而已。

2、愚不肖者不及焉，則蔽於物欲而失其本心；賢者智者之過，則蔽
於意見而失其本心。（卷一頁 7）

可知雖同樣是「失其本心」，然耽著於物欲者的蒙蔽〔註18〕程度只浮現在表層
可見之處，一旦對機受到眞理之觸動，較容易撥開此表皮層之蒙蔽而承接此
「道」，反而一般自視爲「踐道之士」者，其心原本即已裝載過多自以爲然的
意見，而此「意見」恰似「意底牢結」〔註19〕般地繫屬於其意識底層，致較
難以平心自見其蒙蔽，因之對象山「本體實踐學」也較難以信受奉行；故象
山即此而言：

君子有君子踐履，小人有小人踐履，聖賢有聖賢踐履，拘儒瞽生有
拘儒瞽生踐履。若果是聖賢踐履，更有甚病？雖未至未純，亦只要
一向踐履去，久則至於聖賢矣！（卷三頁 4）

顯然「本體實踐之理」乃是簡易直截、求則得之的「生命的學問」，並且是絕
對、唯一的，不容因任何理由稍有打折；然若落在各個殊別的「踐道者」身
上，各人都得就其生命內部的本然實情去突破自己的生命障礙，所以雖同樣
是「踐履」，然表顯出來的形式卻可能千差萬別，難以一致，但象山顯然跨過
這等各個踐道者殊別的「踐道情狀」，而不刻意壓低下來屈就每一種似乎值得
諒解的「踐履層次」，反而他著實要求踐道者不踐履則已，一踐履便當取法乎
最上的「聖賢踐履」，〔註20〕而不容再有任何可以延宕推拖的分說；因爲只有
這最高層的「聖賢踐履」，才是如其所如「本體實踐學」所指的究竟生命之實

〔註18〕 象山言及「蒙蔽」者種類甚多，此如〈與黃日新書〉有所謂狃於習俗，蔽於
聞見之蔽，有所謂僞善僞行之蔽；〈答鄧文範書〉有所謂物欲之蔽、意見之蔽；
〈與傅聖謨書〉有所謂虛見虛說之蔽；〈與陳君舉書〉有私見私說之蔽；〈答
劉志甫書〉有氣質之蔽、習尚之梏、俗論邪說之蔽。總之，此「蒙蔽」之種
類、程度雖殊，然皆指向蒙蔽本心之開顯則無二致。

〔註19〕 所謂「意底牢結」，即思想上意念的造作，此「意念造作」只能代表一些意見
或偏見，而不是眞實的智慧。故牟先生云：「凡是意念的造作都是一孔之見的
系統，通過這些孔有點光明，但周圍就環繞了無明，只有把它化掉，才全部
是明，智慧就代表明。」（見《中國哲學十九講》頁 93）

〔註20〕 王開府先生認爲在《論語》中，孔子祇要求人成爲君子，不談成聖之道。《孟
子》書中雖提及「人皆可以爲堯舜」（告子下），但也祇是指出人人有成聖的
可能。到了宋明，則因受到佛、道家的刺激，特別是佛教要人修養成佛的影
響，使儒家也集中精神於如何透過修己工夫以成爲聖人。以上說法，多少可
解釋先秦儒學發展至宋明儒學特色的一大轉變。王氏之說參見師大國文學報
第十七期頁 143～153。

現；易言之，只有踐道者踐履到此絕對境地，才能免除停滯在「君子、小人、拘儒瞽生」等等踐履層次上所仍滯留的一切病痛，所以「雖未至未純，亦只要一向踐履去，久則至於聖賢矣！」之語，正是象山對從事「本體實踐」之學者最深切的期勉。此處「一向」二字乃是建立於象山所云：「須是信得及乃可」（卷三十五頁 3）的「信」字基礎上；換言之，只有踐道者完全深信從事「聖賢踐履」，必定可以助成吾人躋於聖賢之域，並深信自家生命確實具足這份可以成爲聖賢的內在潛能與實踐力量，才能免除踐道途程中無謂的懷疑與退卻；至於「久則至於聖賢矣」的「久」字，更是對此「本體實踐」究竟要踐履到何時才能歇止的「時間之等待」的撤銷，此時只有自家生命從事「聖賢踐履」不已於心的持恆發動，而沒有一個「聖賢」目標爲我所要達成自任的刻意執持；所以象山說道：

> 日享事實之樂，而無暇辨析於言語之間，則後日之明，自足以識言語之病。（卷十頁 7）

所謂「事實之樂」，乃踐道者從事本體實踐而「體道」時，心靈爲德性輝光充滿，所自然盈溢、自知自證的內在悅樂，正因此「樂」不是外面給出，所以它不隨現象界的變化得失而動搖；也因此「事實」乃係根源於本心之實踐行動的「實行」「實事」，所以它恆然在此實踐行動中生發由生命自己湧現出的智慧——此即所謂「後日之『明』」。重要的是，此種「智慧」不僅伴隨著踐道者境界的提昇而來，亦且能夠識察吾人先前未體道時所發之言語是否合於本體實踐的內容脈絡；針對於此，象山云：

> 見道後須見得前時小陋，君子所貴乎道者三，說得道字好：動容貌、出辭氣、正顏色。其道如此，須是暴慢自遠，鄙倍自遠。（卷三十五頁 13）

此即是說，踐道者之本體實踐已全幅開顯後，除了能照見前此未見道時之生命瑕疵外，也能隨著心靈之脫胎換骨而「心身相即」地影響到其——「容貌、辭氣、顏色」的自然改變；而這些跟隨著「本體實踐」而至的「心——身」生命提昇，正也相對訴說前此生命中一切違異此「道」的負面質素之自我離開。準此，我們可對本節象山「本體實踐之理」之義綜合論述；象山云：

> 1、本分事熟後，日用中事全不離此。（卷三十五頁 26）
>
> 2、知道則末即是本，枝即是葉。又曰：有根，則自有枝葉。（卷三十五頁 4）

　　3、主於道則欲消而藝亦可進。(卷二十二頁4)

可見「本體實踐之理」一旦與踐道者身心完全結合，則生活中一切行履俱爲此「道」之所充載，此時再無法將生活割裂爲各個不相干的片段，執著於何者爲「本」何者爲「末」，而必得將「本體實踐」所涉及之生活世界視爲一無可割截的整全之「道」的顯現；在此意涵下，則常人習以「差別心」差別對待的生活「枝末」，此時便不能只被等閒看待而遭忽視，相反地，它必須是再細碎再卑微之生活末梢也同樣應爲心之所本所一體灌注(「末即是本」)，而使尋常普通的生活朗現在鳶飛魚躍的成長意義中(「枝即是葉」)；甚至更因踐道境界提升促使嗜欲消損的結果，有助於踐道者生活中術藝境界之增進。

　　總之，象山「本體實踐之理」乃是「本體之理」與「實踐之理」通極爲一之總名，就「生活化儒學」之角度觀察，象山顯有將「本體之理」收歸於「實踐之理」的傾向；若再方便予以分疏，則「實踐之理」乃是「即事言理、即理體事」的實踐工夫，而「本體之理」則是將「道」做爲整個宇宙的總攝體，但此二理則又皆攝持於吾人本心，準此而言，事、道、心三者所形成之「圓環」，吾人可視之爲「本體實踐之圓環」，而此本體實踐之圓環又是在具體的生活世界中展開的。

　　由是事、道、心三者所構成的本體實踐之圓環，我們可以結合著本章第一節「心即理」說之論述，加以約之而爲兩端，此即「理」與「心」。言「理」則可涵蓋「道」與「事」，就「道」而言則是道之理，道之理是本體之理，是形而上的本體之理。就「事」而言則是事之理，事之理是存在事物之理，是形而下的實際之理。本體之理與實際之理俱是「實」，它們乃是相即不二、互融而周浹的，而此之所以爲「實」，蓋皆繫屬於人之「本心」也。

　　再歸結來說，事、道、心這三者所構成的本體實踐之圓環，即可約之爲「理、心」這兩端所構成的本體實踐之互動，而最後則可攝持於一，此即「本心」也。所以吾人亦可說，此攝持於一的「本心」即是「本體實踐之主體」，言其「圓環」蓋可顯示生活世界之參贊也，言其「互動」蓋可顯示事理與本心之交往也，言其「主體」則可顯示其爲創造之眞宰也。〔註21〕

　　以上已就象山本體實踐學——「心即理」說與「本體實踐之理」詳盡討論，則下章便可就象山如何使其「本體實踐學」落實的工夫論加以講明。

〔註21〕以上論述參考林文義理脈絡，出處見第二章註1。

第四章　陸九淵本體實踐學之工夫論

　　如第三章所述，陸九淵（象山）「本體實踐之理」乃是將「實踐之理」與「本體之理」通極為一而言，「實踐之理」必得基於踐道者「本體之理」的體認才足以言「實踐」，「本體之理」必也得在廣大生活世界中經由踐道者「事」上落實才能如實呈顯，兩者乃是彼此支持蘊含不能分割的。而這樣相互結合通極為一的「本體實踐之理」，勢須基於一更先在之前提——踐道者「本心」如何承受、體認此「本體之理」，並在具體而微的生活流程中展佈此「實踐之理」？此即是使「本體實踐學」得以成立的「工夫論」問題之點出。

　　依筆者隨順象山學重在直指人心不重分別說的學問特性，爰將其工夫論層次大體劃分為三，此即——一、簡易工夫（立志），二、去除心蔽工夫（剝復），三、涵養工夫（優遊），而無意再加細分區隔，此因過分分解適足以讓象山學的整體性精神泯失，至於與此三個工夫層次有關的論題將在以下章節疏解中一併論及，須強調的是，此三層工夫基本上雖有本質脈絡先後次序及承續關係，但因本體實踐乃一具體整全之流行過程，故工夫論之劃分只是相對成立便於說明而已，在此原則下，象山本體實踐學的「簡易工夫」可視為其工夫論發動之源頭，「去除心蔽」及「涵養」可視為實踐工夫之落實與保任，至於具體內容及所關涉論題以下即可分節予以闡明。

一、簡易工夫——立志

　　本節所論象山本體實踐學的主要工夫——立志，乃是舉其重點予以標目，此「立志」之意涵遠逾一般常識理解層次，諸如孔孟義利之辨、孟子大體小體之辨等亦為此標目所涵，且為彰顯此「志」之內容，爰舉象山對「科

—53—

學」「時文」等功名活動之見解對照襯托；另避免讓本節成爲引文的會串而失去象山學之本質精神，故亦援引相應之資料疏解闡明。象山云：

> 1、學問固無窮已，然端緒得失，則當早辨，是非向背可以立決。（卷一頁 1）

> 2、士之於道，由乎己之學，然無志則不能學，不學則不知道，故所以致道者在乎學，所以爲學者在乎志。（卷二十一頁 5）

可知象山本體實踐學的工夫論當以「立志」爲先，但此處所立之志，非止於今日心理學上所謂「意志」之義，亦非如常人所言之「理想」。因「意志」〔註 1〕一詞在心理學上大抵是指實現某特定目標之一貫行爲趨向，不必與主體自覺相關；至於一般所言之「理想」雖有價值判斷成分，但此理想恆爲一抽象概念，且須依賴各種外在因素的配合，故難保證由道德自覺所發出。但此處所言之「立志」則不能僅止於此，因所謂「立志」固然也可是立一種理想，但此所立之理想，乃是爲自己之具體個人生命所立，而不能是抽象普遍、爲心客觀所對的所謂「理想」。質言之，此所立之志乃是自己心靈以至人格所要體現，而繫屬於此心靈人格之主體；此即要使此「理想」眞實的經由「知」以貫注於「行」，而成爲屬於自己之實際存在的。由是可知，立志之「志」不只是心靈朝某特定目標前進的內在發動，而是由當下之我的實際存在，朝向理想之實際存在企及的生命行動，準此，所立之「志」才能饒具轉移變化、並超升擴大此「實際之我」的力量；由是而言，此志既直接關涉我人之實際存在，便即可知此志乃個人自家生命所獨具，而不容任何人假手代勞，也唯有個人愈早就此「開端發足」之志有所卓立辨明，使得其正，善加陶養，才有裨於本體實踐學之「學」與「道」達成之可能。所以全集載：

〔註 1〕心理學上的「意志」之義，蓋指具有目的觀念，經選擇作用（考慮及決斷）後所生起之有意的運動（實行）。依其發生之根源，可分爲三說：

（1）自生說：即以意志爲根本的作用，乃生而具有者，與其他之精神作用有同等的性質。

（2）他生說：即以意志爲自其他之精神作用派生而來者，他生說又有種種不同之意見，有以意志爲自感情派生者，有以觀念爲意志之起因者，有以運動及其結果之觀念聯合說明者，有以意志自反射作用而生者。

（3）衝動運動說：即以意志爲源自衝動、適應目的之無意識的運動；如小兒吮乳、哭泣、手足運動等。

由此可見，心理學上「意志」之義及其根源，都與生命修養、價值自覺迥異。以上所言見鄔謙《普遍心理學》頁 264～267，商務書局 60 年 5 月初版。

1、傅子淵自此歸其家。陳正己問之曰：陸先生教人何先？對曰：辨志。正己復問曰：何辨？對曰：義利之辨。若子淵之對可謂切要。（卷三十四頁3）

2、陳正己自槐堂歸，問先生所以教人者。正己曰：首尾一月，先生諄諄只言辨志。又言：古人入學一年，早知離經辨志，今人有終其身而不知自辨者，是可哀也。（卷三十六頁8）

3、阜氏癸卯十二月初見先生，不能盡記所言，大旨云：凡欲爲學，當先識義利公私之辨，今所學果爲何事，人生天地間，爲人自當盡人道，學者所以爲學，學爲人而已，非有爲也。（卷三十五頁28）

由上可知，「辨志」乃係象山教人的第一下手處，所謂「首尾一月，先生諄諄只言辨志」，蓋指此志的方向、內容足以影響日後本體實踐之真妄誠僞，故須於此最重要之關鍵源頭有最深切的辨明；所以象山「首尾一月」所講的不是如何「辨志」的道德實踐知識，而係就在場受學者之心靈狀態加以啓發，使其內在主體自行辨知自家生命底層內具者是義或利的自覺教育。正因此「自覺教育」不是一般的知識概念，故不能三言兩語道盡即得了事，更因「自覺教育」關乎師生內在生命的雙向互動，所以恆須施教者（指象山）「諄諄」以真誠的生命態度呈顯示人，才能令受學者獲致感通，相對亦將自己平常幽蔽禁錮——有礙於自家生命從事「義利之辨」的所有心障主動打開，以接受施教者「生命語言」所含蘊之「道」（真理）的洗滌；由是可知，「辨志」本身非如尋常想見那般輕易，其間實有人性層面之內在轉折。倘只專就個人「辨志」之艱難度立說，唐君毅先生對此頗有深刻之體會：

> 吾人所謂志，不特有種類之不同，亦有真妄、誠僞、純駁、深淺、強弱等程度性質之不同。種類之不同尚易辨，而程度性質之不同難辨。在不同種類不同性質程度之志中，選擇一表面正當者易，真知其何以爲正當者難；知其何以正當易，使之成爲真志難；使之成爲真志易，而去雜駁成純一，使之深固而堅強難。〔註2〕

通過以上唐先生對「辨志」之難的引文來回觀定位象山「辨志」之深意，筆者乃可認定象山所首肯之志的種類與程度，乃係「公理」「道義」「大體」之絕對無雜，並幾於已然純一、深固、堅強程度的徹底強調，而對任何未臻此

〔註2〕見唐君毅先生《人生之體驗續編》頁81，台灣學生書局73年7月校訂版。

極致之「志」都不加以認可，故象山云：

1、私意與公理，利欲與道義，其勢不兩立，從其大體與從其小體，亦在人耳！（卷十四頁2）

2、苟志於道，便當與俗趣燕越矣！志嚮一立，即無二事，此首重則彼尾輕，其勢然也；作意立說以排遣外物者，吾知其非眞志於道義者矣！所欲有甚於生，所惡有甚於死，死生大矣而不足以易此，況富貴乎？（卷十二頁3）

此即是說，「志道」與「俗趣」乃是兩相對反勢不並存的存在，此處容不得「辯證性結合」之類的自我欺瞞，任何人只要眞心從事道德實踐，便須在「志道」與「俗趣」之間作一絕對的抉擇，而無可以兩邊靠攏的「中間地帶」；〔註3〕換言之，只有在「志道」這一邊不斷加功深化，才能徹底揮斥「俗趣」黏著在吾人生命中製造妨礙本體實踐的一切干擾。至於此悖離「志道」的主要對象——「俗趣」（或俗思、俗見、俗論），象山明言：

1、大抵學者且當大綱思省，平時雖號爲士人，雖讀聖賢書，其實何曾篤志於聖賢事業，往往從俗浮沉，與時俯仰，徇情縱欲，汩沒而不能以自振，日月逾邁，而有泯然與草木俱腐之恥。（卷三頁5）

2、誠能深思俗見俗習之可惡能埋沒性靈，蒙蔽正理，思之既明，幡然而改，奮然而興。（卷十二頁8）

由此可見，所謂「俗趣」「俗思」「俗見」「俗論」都是根源於「私猶未徹」的「私心」而來，只要此「私心」不能徹底根除，則縱使號爲士人熟讀聖賢書，也照樣可能「與時俯仰，徇情縱欲，汩沒而不能以自振」，走到初心本志於道的相反方向，形成人生最大的難堪與弔詭。關於此種矛盾、適堪自我諷嘲的內在質變過程，唐先生也有深刻之講明：

人只要一動念，要實現其理想於此客觀的世界，人即必然的需要去多多少少佔有這些東西（此指「物質、財貨、健康、名譽權力地位」等），以爲其在世間的立腳點，事業的開始點。人由青年而壯年，逐步表現運用其天賦的才智、德性，以獲得知識技能及對人之信用以後，人亦必然可多多少少佔有一些物質的東西、貨財、名譽地位等。

〔註3〕如果方便以量化的百分比爲例說明，則筆者以爲，只有百分之一百的純粹度，才是象山義下的「公理」「道義」與「大體」；換言之，只要稍有百分之一的「私意」「利欲」「小體」夾雜，都是所謂「兩邊靠攏的中間地帶」。

然而人在開始對此世間諸事物覺有所佔有之一刹那，即人之生命精
神陷溺沉淪於此諸事物的開始。對於此所佔有者，人必保存之並擴
大之。此保存與擴大之要求，乃隨自覺有所佔有之一念，直接的自
然引生而出者。此即一私的目標，一私志。自此私志之本原看，最
初亦可是依一公志。因人可是為一公志之實現，而後求有所佔有。
然此私志既成，則可與最初之公志相對反，而其本身，又要求自然
的永遠相續下去，此即成為貪財好權之意識，而使人之精神向下墮
落者。此是一自然的心靈生活之發展之辯證現象。此處人如無自覺
的逆反之工夫，人總是順滑路，一直走下去。人通常在此，則恆只
去自覺自己之最初的公志，以為其一切私志之生起，作自恕自飾，
而視此私志無礙於我之公志之存在。實則此時吾人已走入最初之公
志之否定階段。順自然之路而行，乃只能下墮，而永無上升之望者。
由是而人乃漸以公志之達到，為私志之達到之手段，與自欺欺人之
具。此即自古及今，千千萬萬以上之壯年中年老人，罕能自拔之命
運，人類之自古及今之亂原，追根究本，亦在於此。〔註4〕

由上述徵引唐先生對吾人所立志向每易質變的剖析，可見吾人如不是對所立
之志有全程絕對的掌握，則吾人心中公私的目標，是可能隨順生活情境的逐
次改變而互相移動摻雜的，這其間變動易位的幽微轉折，乃至所立之志的誠
偽、純駁不僅別人難以察知，有時連自己也昏昧得看不清楚，而可以輕易地
自恕自欺，令自己至於假性「心安」而後止。所以象山亦云：

夫子言君子喻於義，小人喻於利，孟子謂欲知舜與跖之分，無他，
利與義之間也。讀書者多忽此，謂為易曉，故躐等陵節，所談益高，
而無補於實行。（卷六頁2）

原來吾人讀生命修養之書，乃或投入道德修養之實踐脈絡，其間觸處隱藏著
自家生命底層所內具地諸般「陷阱」，只要吾人心靈稍一粗疏略過，便即可流
於表皮層上知解的把握，將古先聖賢以其畢生修養所提煉出來的簡潔心得，
以平面認知的思維方式去承接認取，而不具「內指性」地自以為已然瞭解聖
賢學問的真義，並即於此不踏實的基點上做出各種似乎已然「見道」的發言，
卻殊不知這些貌似神異的種種動作，早已凌越自己真正的修為境界，只徒然
增添一層內心歸向本體實踐的障蔽罷了。所以關於此種立志之後卻未真能有

〔註4〕見唐氏《人生之體驗續編》頁84。

助於生命貞定的情況，象山明白指出：

1、如前日今時學者悠悠不進，號爲知學者，實未必知學，號爲有志者，實未必有志，若果知學有志，何更悠悠不進？（卷五頁 2）

2、士不可不弘毅，譬如一個擔子，盡力擔去，前面不奈何卻住無怪，今自不近前，卻說道擔不起，豈有此理！（卷三十五頁 2）

顯見象山所認可之「知學」「有志」，乃指踐道者已然超越「悠悠不進」的人心怠惰於道德實踐之狀況而言；換言之，任何人自命爲「知學」「有志」，卻不能眞讓心靈主體得以超拔，象山根本不許以「知學」「有志」之語以名之，且其所以不能名實相符表顯出「道」之眞實境界，根本是自家劃地自限懶於用功的緣故。所以此處便牽涉到：「立志」雖是象山工夫論的第一步，但立志之先必有一更著實之「存在體驗」影響到所立之志的內容，及此志以後如何發展的方向。故象山云：

1、緣患故而有其志，固宜未得其正，既就學問，豈可不知其非，大抵學者且當論志，不必遽論所到，所志之正不正，如二人居荊揚，一人聞南海之富象犀，其志欲往；一人聞京華之美風教，其志欲往，則他日之問途啓行、窮日之力者，所鄉已分於此時矣。（卷六頁 4）

2、今時士人讀書，其志在於學場屋之文以取科第，安能有大志？其間好事者，因書冊見前輩議論，起爲學之志者，亦豈能專純？不專心致志，則所謂鄉學者未免悠悠，一出一入，私意是舉世所溺，平生所習豈容以悠悠一出一入之學而知之哉？必有大疑大懼，深思痛省，決去世俗之習，如棄穢惡，如避寇讎，則此心之靈，自有其仁，自有其智，自有其勇，私意俗習如見晛之雪，雖欲存之而不可得。（卷十五頁 4）

如 1 所示，吾人所立之志不得是因遭逢世俗困阨、憂患而生起，此因外在際遇觸動吾人心靈始發之志，乃是被動、落後一著才引發的制約反應，[註5]除其本身不是在生命健康純摯的狀態所由衷發出外，也不符合「立志」乃是爲自己之具體個人生命所立的普遍原則，遑論「緣患」始生之志，此中顯然存

〔註 5〕所謂「制約」乃是一種基本的學習歷程，心理學家通常將「制約」分爲「古典式制約」及「操作式制約」兩種，但無論此二者有何基本區分，它們建立在生物遭受外在環境刺激所引起的反應之本質，則無二致。參見劉安彥《心理學》頁 100～121。

有諸多希求解消此患的情緒性期待，正好成爲此志日後可能質變異化之溫床；所以象山云：「學者且當論志，不必遽論所到」，所謂「不必遽論所到」，非指所立之志可以不必實現企及，而是指只要我人所立之志眞誠無妄，爲內在於我之生命的價值自覺所深心發出，則此志之活動本身，即是我可以使之要立即立、要行即行的；換言之，無論我所立之志之內容是否眞能完全實現，然我此志之活動本身總是能立能逐而恆可實現的。準此，象山所謂「且當論志」之「志」，即係象山所舉「聞京華之美風教」之例所暗示的——「志得其正」，則日後一切本此開展的道德實踐之能實現，已於此最初源頭處獲得了保證；反之踐道者若一開始即貪慕「象犀」之利欲赴南海，則其日後遠離生命眞理也是在此時即已鑄成確立的。

　　如 2 所示，所立之志若是因「學場屋之文以取科第」之名利心而有，或落後一著，「因書冊見前輩議論」而起，則此志駁雜不純，自然無法「激厲奮迅，決破羅網，焚燒荊棘，蕩夷汙澤」（卷三十五頁 16），具有徹底改造自家生命的力量，而只能讓此志所薪向的道德實踐掛空在思維中流離進出。所以眞正踐道者所立之「志」，必得有基於唯恐自家生命若不專純把握，即可能從此失去主宰而萬劫不復的「大疑大懼」，才能在此「大疑大懼」的「存在體驗（感受）」〔註6〕中「深思痛省」，讓此「志」充滿絕對可以「決去世俗之習」

〔註 6〕關於此種「存在體驗（感受）」，象山明言：「蓋此事論到著實處極是苦澀，除是實有終身之大念」（卷六頁 10），可見道德實踐不是一時情緒昂揚所發之志所能持續推動，必得踐道者有「終身之大念」的存在感受，才能安於終生道德實踐而無悔。如此看來，象山所謂「此事論到著實處極是苦澀」之所指實有深意；然所謂「苦澀」者究竟爲何？象山云：「遇著眞實朋友，切磋之間實有苦澀處，但是良藥苦口利於病，須是如此方能有益」（卷六頁 11），可見此「苦澀」係指踐道者面對「眞實朋友」直指其生命病端時，所可能內具的種種「排斥」「抗拒」感受而言其「苦澀」；但象山顯然不以爲此「苦澀」應該順其如此而繼續發作；故乃在提顯踐道者必須正視此種「苦澀」實感後，下一步驟便是應有「終身之大念」的感受之相續揭出。換言之，唯有踐道者具備「終身之大念」的存在感受，才能將道德實踐途程中可能感受到的「苦澀」平平地看待；因此「終生之大念」之義，即筆者正文中所言——「生命若不專純予以把握，即可能使此心靈失去主宰而萬劫不復的『大疑大懼』之生命實感，只有踐道者緊扣此『大疑大懼』之生命實感所發之『志』，才是究竟眞實之『志』。由是可知，踐道者此種「大疑大懼」之本質不同於一般所謂的「疑懼」，而是從事本體實踐的學者之所必須，故象山有云：「蓋所謂儆戒、抑畏、戒謹、恐懼者粹然一出於正，與曲肱陋巷之樂、舞雩詠歸之志不相悖違」（卷十三頁 3），可見此「終身之大念」的存在實感之光明正大，並可襄助踐道者免於計執踐道途中內具的「苦澀」而超越之。

的實踐力量；正因此實踐力量乃是根源於踐道者深切的「存在體驗」所發之志而有所本，而「私意俗習」只是黏著於未眞正立志時此心之表層而無所憑，兩者一旦交鋒對決，則此無根的「私意俗習」便如「見晛之雪」，終將在此志如太陽似的照臨下消散而不復留存。

以上已就象山「立志」之義深切析論闡明，則象山對時人從事「仕進」「科舉」「時文」等活動抱持的態度，正可用來對比照見此「志」之具體原則與精神，故應一併加以討論。象山云：

> 1、今天下士皆溺於科舉之習，觀其言往往稱道詩書論孟，綜其實特借以爲科舉之文耳，誰實爲眞知其道者？口誦孔孟之言，身蹈楊墨之行者，蓋其高者也，其下則往往爲楊墨罪人，尚何言哉？（卷十一頁 6）

> 2、終日從事者雖曰聖賢之書，而要其志之所鄉，則有與聖賢背而馳者矣，推而上之，則又惟官資崇卑、祿廩厚薄是計，豈能悉心力於國事民隱，以無負於任使之哉？（卷二十三頁 1）

顯見象山一眼窺破時人表面似乎志在希求聖賢之道，然內心底層眞正在乎的還是「利欲」而已，以致此心「不能大自奮拔」（卷七頁 8），終其一生甘爲利欲所縛；象山即此而言：

> 1、世人只管理會利害，皆自謂惺惺，及他己分上事，又卻只是放過；爭知道名利如錦覆陷阱，使人貪而墮其中，到頭只贏得一個大不惺惺去。（卷三十四頁 13）

> 2、今之人易爲利害所動，只爲利害之心重。且如應舉，視得失爲分定者能幾人？往往得之則喜，失之則悲……故學者須當有所立，免得臨時爲利害所動。（卷三十五頁 5）

由此可知，「名利」「利害」之心乃是使吾人無法惺惺清明的「錦覆陷阱」，如果生命大本把握不住，則對此「名利」「利害」的態度便可能表裡相違——當「名利」「利害」與己無牽涉時，此心尚可在距離之外保持形式上之清明，但當「名利」「利害」與己痛癢攸關時，卻可將道德實踐之事輕忽撇過；準此象山言：

> 1、大抵天下事須是無場屋之累，無富貴之念，而實是平居要研覈天下治亂古今得失底人，方說得來有筋力。（卷六頁 10）

　　2、爲辭章從事場屋者今所未免，苟志於道，是安能害之哉？（卷十
　　九頁 3）

　　3、某今亦教人做時文，亦教人去試，亦愛好人發解之類，要曉此意
　　是爲公，不是私。（卷三十五頁 26）

由是可見，象山並不因「仕進」「科舉」「時文」易與「名利」「利害」掛鉤，
便遽對前者全盤否定，反而鼓勵踐道者在「志於道」「此意是爲公」的大前提
前可以放手從事。換言之，踐道者不能止於對場屋、富貴之事「一無所求」
而予排斥；因此「一無所求」只是個人胸壑的清高，卻未將個人生命修養融
入更廣大層次的實踐脈絡中；故唯有兩者兼提──既無場屋、富貴之貪著戀
棧，更須在「一無所求」的修養基礎上，再起「平居要研覈天下治亂得失」
的用世準備，兩者兼賅體用相涵，才是眞踐道者面對「仕進」「科舉」等活動
諦當地因應態度。此處可舉一則實例加以窺見：

　　臨川張次房于曆子賦歸去來辭，棄官而歸，杜門經歲，來見先生。
　　先生云：近聞諸公以王謙仲故推輓次房一出是否？次房云：極荷
　　諸公此意，愧無以當之。先生曰：何荷之云？君子之愛人也以德，
　　細人之愛人也以姑息！凡諸公欲相推輓者，姑息之愛也；次房初
　　歸時一二年間，正氣甚盛，後來寖弱，先生教授極力推輓，是後
　　正氣復振，比年又寖衰，次房莫未至無飯喫否？若今諸公此舉，
　　事勢恐亦難行，反自取辱耳！某今有一官，不能脫去得，今又令
　　去荊門，某只得去；若竄去南海，某便著去。次房幸而無官了，
　　而今更要出來做甚麼？次房云：恨聞言之晚，不能早謝絕之也。（卷
　　三十四頁 20）

此處固無從得悉「諸公以王謙仲推輓次房」出仕的背景緣由，但此仍不礙吾
人對引文大意的基本掌握，由文義脈絡可知，次房先前辭官退隱，乃係自己
對「辭官」之事有眞確的存在體認，才能從容「賦歸去來辭」「初歸時一二年
間，正氣甚盛」；但此後欲復出再仕，顯係極力受到友人慫恿，而非打自家心
底發出「非如此從事則心不能安」的價值自覺，以致此種動機曖昧不明的生
命情境，即已暗示後來「正氣寖弱」的原因。所以象山明言：「君子之愛人也
以德，細人之愛人也以姑息」，所謂「愛人也以德」，實指眞踐道者並不鼓勵
人屈從情感之軟弱處，做出任何遷就現實利害的抉擇，而必得以價值自覺做
爲行爲決斷之準則；換言之，若是動機純正客觀環境適切，則象山顯然也不

致反對次房復出再仕的。準此可對本節「立志」之義總結如次：

　　所謂象山義下所立之「志」，乃是踐道者由當下之我的實際存在，朝向一理想實際存在企及的生命行動，所以「人惟患無志，有志無有不成者」（卷三十五頁7），更因此「志」是由踐道者深切之「生命存在感受」所由衷發出，不須憑藉任何外在條件的幫襯，準此才能「若某雖不識一個字，亦須還我堂堂地做個人」（卷三十五頁12），復因此「志」與「俗趣」（俗思、俗見、俗論）截然對反不容妥協，故尤「須是高著眼看破流俗」（卷三十五頁9），方可保證此「志」在人性試煉場中免於變質；更因「辨志」乃是徹底追問到吾人生命是如何決定自己本質的究竟根源之地，而非指向外放發展的世俗圖謀，所以此「志」是「除了先立其大者一句外，全無伎倆」（卷三十四頁5）、「立是你立，卻問我如何立？」（卷三十五頁9），一切只能捫心自問，自作主宰，無須也無法假手外人。

　　總之，本節簡易工夫——「立志」之義業已闡明，然此「志」既立，只能顯示踐道者誠實面對道德實踐的開始，而非意味其踐道歷程已然實現結束；準此，如何正視迄未進入實踐脈絡的「實際自己」，並施以徹底的更新改造，便成爲無法跨越逃避的課題，此即去除心蔽工夫——「剝、復」必得相隨成立的理由；所以在本節簡易工夫——「立志」之義闡明後，下一節便應就去除心蔽工夫——「剝、復」之內容接續討論。

二、去除心蔽工夫——剝、復

　　前節已就象山工夫論之第一步——立志（含義利、公私之辨）加以闡明，此志既立，便是內在心行發動源頭之開啓，自然饒具「決裂破陷阱，窺測破羅網」（卷三十五頁16）的實踐力量；但此終歸是本體實踐學理論上總體的說，至於如何實踐落實，仍須踐道者切就各人生命內部蔽障的個別情狀各自用功，才能真正「誅鋤蕩滌，慨然興發」（卷三十五頁16）。所以語錄云：

> 有學者聽言有省，以書來云：自聽先生之言，越千里如歷塊。因云：吾所發明爲學端緒乃是第一步，所謂升高自下，陟遐自邇，卻不知指何處爲千里？若以爲今日捨私小而就廣大爲千里，非也。此只可謂之第一步，不可遽謂千里。（卷三十四頁8）

由是可知，某學者聆聽象山之言有省，便自謂「越千里如歷塊」，此乃遽然將心靈初次受到真理洗滌的省發，視作己身修養實踐之貫徹，而略過立志以後

猶須下許多去除心蔽的堅實工夫，所以象山乃明言「此只可謂之第一步，不可遽謂千里」。關於此「去除心蔽」工夫，象山云：

> 學者須是打疊田地淨潔，然後令他奮發植立，若田地不淨潔，則奮發植立不得；古人為學即讀書，然後為學可見，然田地不淨潔亦讀書不得，若讀書則是假寇兵，資盜糧。（卷三十五頁 23）

顯然，象山所謂打疊田地淨潔即是一種「剝」的工夫，所謂「剝」者，即一層一層剝落附著於心的妄意渣滓，使「虛室生白」心地淨潔之謂；所以此「剝」不至於剝落之後一無所有，全然落空；相反地，負面私心妄意之剝落，正隱含著一個原本即屬於真正自己的「復」之生命的再生；可知「剝」與「復」不是分別存在的兩個工夫階段，而是踐道者去除心蔽的整體性歷程。所以語錄言：

> 1、顯仲問云：某何故多昏？先生曰：人氣稟清濁不同，只自完養不逐物即隨清明，才一逐物便昏眩了。顯仲好懸斷，都是妄意，人心有病，須是剝落，剝落得一番即一番清明，後隨起來又剝落又清明，須是剝落得淨盡方是。（卷三十五頁 19 至 20）

> 2、憺姪問乍寬乍緊乍明乍昏如何？曰：不要緊，但莫懈怠，緊便不是寬便是，昏便不是明便是。今日十件昏，明日九件，後日又只八件，便是進。（卷三十五頁 20）

由是可知，剝、復工夫乃一艱苦的去蔽長路，必得踐道者勇於面對自家生命一切障蔽，一點一滴剝落至於「淨盡」而後可；就此「須是剝落得淨盡方是」而言，剝、復的工夫容不得踐道者任意放棄、休歇，否則即形同前功盡棄。但就「剝落得一番即一番清明，後隨起來又剝落又清明」來說，它卻容得踐道者在此實踐途程中因「自克」之難而有短暫退卻或顛倒，只要此「退卻」「顛倒」無礙於剝、復工夫全程性的實踐目標之達成；所以面對憺姪剝復工夫「乍寬乍緊乍明乍昏」之問，象山明示以「不要緊，但莫懈怠」，只要此心昏眩次數在剝復途程中日愈減少，便是有效達成「清明」境界的極大徵驗了，然此處仍有一關鍵問題必須揭出，此即——踐道者何能知自家心蔽，而後正確施予剝復工夫使得清明呢？針對於此，語錄明言：

> 或問先生之學當來自何處入？曰：不過切己自反，改過遷善。（卷卅四頁 4）

可見「切己自反，改過遷善」乃是使剝復工夫得以落實的實踐步驟；就一發

顯之具體實踐行動言，「切己自反」與「改過遷善」乃是一體縮結無法區隔的
連動步驟；但依實踐理論說來，顯然存在著「切己自反」在先、「改過遷善」
在後的實踐次序。準此，吾人應對上述二語之眞實意涵加以釐清；象山云：

> 1、自謂知非而不能去非，是不知非也。自謂知過而不能改過，是不
> 知過也；眞知則無不能去，眞知過則無不能改。（卷十四頁2至3）

> 2、惡與過不同，惡可以遽免，過不可遽免……況於學者豈可遽責其
> 無過哉？（卷廿一頁5）

此處「知非」而後「去非」，顯係踐道者「切己自反」所得致的結果；同樣地，
「知過」而後能「改過」，也才是「遷善改過」究竟之所指，此除可看出象山
遣詞用字絕對斬釘截鐵外，也一併顯示眞立志者所下之剝復工夫何等深切。
再者，象山「惡」與「過」之辨別，顯然是以踐道者「切己自反」時良知之
呈現爲分判標準；換言之，已落於「粗相」無須良知呈現即可知其不正者是
爲「惡」，所以此「惡」易爲踐道者察知而「遽免」；然「過」卻非止於外在
形跡之過患而已，任何心靈不得其正的幽微之私都是「過」，此厥爲踐道者「切
己自反」良知發露時所當察照的對象，因爲它極其細微，以致踐道者較難即
刻察知而遽免，故象山曾明言：「善與過恐非一旦所能盡知」（卷六頁3）。準
此我人便可探究象山「切己自反」之所指，象山云：

> 1、若自是之意消，而不安之意長，則自能盡吐其疑。（卷七頁9）

> 2、何不言吾之見邪，不如古人之見正；吾之說虛，不如古人之說實，
> 如此自訟，則有省發之理；若只管從脫灑等處見之，終不能得其正。
> （卷一頁5）

如1所示，所謂「切己自反」，須是吾人心靈主體誠實面對並省察自家生命內
部濁惡的自己，並打此等「自己徹底照見自己」的如實了知中，讓往昔那種
自以爲無愧於心的倨傲妄意逐漸減輕消融，不再忍心安於過去那樣生命內部
充滿私心妄意的自己，如此，才能解開生命內部究竟有無心靈障蔽之疑。如2
亦然。吾人「切己自反」宜以已然踐道之古聖先賢爲取法標竿，以反見自家
生命確實不如古聖先賢正大充實，萬不可以「脫灑」之心只見到自己的表面
優越而沾沾自得，如此才能有效照見仍然「不得其正」的隱藏障蔽；換言之，
必得在這種縮小「虛妄之自己」及寬大表顯「踐道之古人」（註7）的虔敬「自

〔註7〕所謂「寬大表顯踐道之古人」之義，可舉朱建民先生之言加以疏解：「我遇見
唐君毅先生，聽人說唐先生是哲學界的聖賢，於是我問他，現實世界中到底

訟」中，此心才能眞正認識自己，獲得有益於生命提昇的高度省發。在此意涵下，則「改過遷善」之眞義究竟爲何？象山云：

> 1、人之省過不可激烈，激烈者必非深至，多是虛作一場節目，殊無長味。所謂非徒無益而又害之，久後看來，當亦自知其未始有異於物，徒自生枝節耳！若是平淡中實省，則自然寬裕，體脈自活矣！（卷六頁7）

> 2、舊罪不妨誅責，愈見得不好；新得不妨發揚，愈見得牢固。（卷卅五頁13）

> 3、使舉動云爲，判然與曩者易轍，則吾道有望矣！（卷十一頁3）

如上所示，吾人由「切己自反」所致之省過行動不可激烈，此因過分激烈的省過行動，乃受外在某種因素的觸動衝擊而起，明顯夾雜著非理性的血氣成分（「血氣」也者，來得急去得快，顯無眞正省過之「長味」），致難以平心照見所當自反者之眞正過患，因之也就無法寄望此「激烈之省過」有何裨益於使生命由「剝」而「復」的改造力量了。所以應是在心靈平順正常的狀態下深心實省，讓內心之過患「在其自己」的流露出來（無論此流露出來的形式是「哭」是「泣」，或更深湛的「默然無語」），一旦此內心之黑暗不期然釋出，則此踐道者之生命便可「自然寬裕，體脈自活」，重新回復其正大光明的踐道人格。準此可言，所謂「改過遷善」，乃是在心靈平順的狀態下，使心靈過患在其自己的浮現出來而消釋之（「誅責舊罪」），並將此「舊罪」已然遠離、而「眞我」初生的「善」之狀態專純地加以弘揚（「發揚新得」），則踐道者之生命不僅脫胎換骨，甚至「舉動云爲」亦將與心害未除前之表現「判然易轍」，

有沒有聖賢？他的回答很令我感動。他不說有，也不說沒有。他只說，如果你把別人看得高一些，你自己的人格也就可能隨之高一些，你把別人看得低一些，你自己也就隨之低一些。確實，把別人看得高一些，或許得擔些風險，但是你自己的人格也高了一些，而別人的人格也可能因爲你的高看而眞的高了一些」（見朱氏《人間的悲劇與喜劇》頁119，漢光文化公司，77年2月15日三版）。換言之，如果我們不承認人間在低層級的生命形態之外，仍有更高的生命層級，則即使我們眞的面對高層級的生命表現，也可能以自家低層級的生命形態輕慢視之，以求其仍同於我。在此認定中，我們的生命將永遠停滯於低層級的狀態，眼中所見盡是平面、貧乏的人間。反過來說，如果我們承認現實人間確有種種高層級的生命表現，則觸處無非可供我們深度認取的人性光華，準此我們固能發現人間的奇峰瑰偉，也可欣賞到人間表相之內蘊含著深刻豐富的生命價值。

而純爲心靈之得其正者在具體生活中的發露流行。此處可舉一則詹阜民去除心蔽之實例綜合討論：

> 先生舉公都子問鈞是人也一章云：人有五官，官有其職。某因思是，便收此心，然惟有照物而已。他日侍坐，無所問。先生謂曰：學者能常閉目亦佳。某（按：此指象山門人詹阜民）因此無事則安坐瞑目，用力操存，夜以繼日，如此者半月，一日下樓，忽覺此心已復，澄瑩中立，竊異之，遂見先生。先生目逆而視之曰：此理已顯也。某問先生何以知之？曰：占之眸子而已。因謂某道果在邇乎？某曰然……先生曰：然。更當爲説存養一節。（卷卅五頁 28）

由此則詹阜民內在心行之工夫實例，可窺見本心實踐之理昭彰後「舉動云爲」與往昔易轍之絕大對比。從引文脈絡可知，詹氏此番內在心行之實踐歷程可分爲三個階段；第一階段時，阜民從象山「人有五官，官有其職」的開示中有所省發，便開始收攝照管此心，不使心靈隨順感官所接觸之現象變化而動搖，所謂「照物」一語，即心靈不與外在現象對立交接而只是平心照臨正視之謂；故此階段之工夫可視爲以下兩個階段之醞釀與準備。第二階段時，阜民所下之實踐工夫更爲深邃直接，所謂「無事則安坐瞑目」，不是靜坐閉目養神或暫時中止眼根與外在現象的交涉，它指陳的毋寧是踐道者更內在且專注地掌握自家心靈之實際存在，故所謂「用力操存」即指阜民切就己心底層之私意障蔽，著實再下一番「切己自反，改過遷善」的「剝落」工夫；如此用功達半月，終至於第三階段私意剝落盡淨「此心已復」的——生命歸於純粹健康狀態之達成，故所謂的「澄瑩中立」，即此種見道境界之描述語，而此見道之徵候乃具體而微地見諸於生命內容已然徹底更新之見道者的「眸子」中；換言之，此時的「眸子」不能僅以平常的感官知覺視之，其實它已內通於心，與剝落私心妄意後的本心相應，準此象山才能從眸子中窺見其已透顯出見道者精神層次的隱微深度，而直言以「此理已顯也」。再從阜民此番踐道歷程乃由第一階段的發動，以迄第三階段見道境界之實現，全程都在阜民自己心靈當家作主的掌控中提升完成，而不須仰賴任何外在條件的幫襯，準此阜民乃能親證得知「道果在邇」，而不必再有依從認知之理而來的對內在心行是否可能企及的無謂懷疑。有了這樣詳盡的疏釋，今乃可在此討論基準上綜合總結。象山云：

> 1、心害苟除，其善自著，不勞推測，才有推測，即是心害，與聲色

臭味利害得喪等耳！（卷四頁7）

2、今一切去了許多繆妄勞攘，磨礱去圭角，濅潤著光精，與天地合其德云云，豈不樂哉！（卷卅五頁14）

3、內無所累，外無所累，自然自在，才有一些子意便沉重了。徹骨徹髓見得超然，於一身自然輕清，自然靈。（卷卅五頁26）

可見去除心蔽之後的心靈境界乃是一徹底輕清靈明的超越風光，此心之善將「在其自己」的著明發顯出來，與無垠的天地同合其德，身心內外亦將在此境界的流行發衍中不雜絲毫掛累，遂享此心純然無私自己給出的「自在」之樂，此厥為本體實踐學所內具的生命勝境。

總之，剝復工夫乃是踐道者在「立志」基礎上展開的第二層實踐步驟，然去除心蔽之後並非大事已畢，獲得永不退墮的必然保證，反之「才有推測，即是心害」「才有一些子意便沉重了」，即顯示此後仍需有實踐工夫攝持保任之；然此工夫為何？在前述討論詹阜民去除心蔽的引文末端，象山已明言：「然。更當為說存養一節。」可見此後續工夫即是存養（涵養）工夫之揭出，準此下一節次即可進行存養（涵養）工夫之具體討論。

三、涵養工夫──優遊（兼談讀書）

本節所論涵養工夫──優遊，乃是在立志及剝復工夫之踐履基礎上相隨成立，如前節所言，去除心蔽後由「剝」而「復」的生命境界，乃一「徹骨徹髓見得超然」的「自在」之境，故本節所謂涵養工夫者，即涵養此「得其自在」的本心也。然此涵養工夫之進行有其一定理則，故仍應縮結著前一章「本體之理」所揭示的──「無事時，不可忘；小心翼翼，昭事上帝」一併討論。復因「優遊」二字在全集中多與象山所示之讀書方法並列，此亦顯示象山讀書之法與其本體實踐學密切攸關，故本節乃「兼談讀書」，以觀此讀書方法下「優遊」二字所顯之意涵。象山云：

1、優而柔之，使自求之；饜而飫之，使自趨之。若江海之寖，膏澤之潤……優游寬容卻不是委靡廢放，此中至健至嚴，自不費力。（卷六頁7）

2、但恐心下昏蔽不得其正，不若且放下，時復涵泳，似不去理會而理會，所謂優而柔之，使自求之，饜而飫之，使自趨之，若江海之

寢，膏澤之潤，渙然冰釋，怡然理順，然後為得也。（卷卅五頁 5）

由此兩則引文可知，本心之涵養須是踐道者之身心調整至恰當合宜之狀態，此即「優而柔之」「饜而飫之」二語所示之生命適度開放自己，使得自如伸展之謂，如此不強探力索欲加把持的生命向度，乃足以讓「道之在其自己」地就其存在之所感通，順遂發露為各種「道」要求自己滿足其自己的活動趨向；然此活動趨向之發展途徑自然不是漫無目的、興之所至地進行，它實具有「若江海之浸，膏澤之潤」的內在流行軌則（此亦顯示「優遊」之「遊」有其能寂能感的行動目標），並且此「道之在其自己」的軌則之所流經，不徒為「道之在其自己」的單方面滿足，它亦在此流經途程中，一併打通活絡踐道者生命內部迄未全面暢通的關節管道，使其順遂達致生命充實飽滿的自得境界。要揭櫫的是，以上整體性論述的涵養過程，即為「似不去理會而理會」一語所表顯的涵養態度，所謂「似不去理會」，絕非意味不理會本心之事，它只是生命適度自我放鬆，不欲宰制「道之在其自己」的活動趨向而已，所以它不至流於生命拒絕道之貞定，或生命過度鬆弛所表現出來的「委靡廢放」，再就它始終攝持於本體實踐學之整體脈絡中「而理會」之，所以此涵養工夫之虔敬篤實可以「至健至嚴」之語加以形容；如果再對「似不去理會而理會」一語加以詮釋，則此可以生命態度之「平」加以概括，象山云：

1、某從來不尚人起爐作灶，多尚平。（卷卅五頁 24）

2、優裕寬平即所存多，思慮亦正；求索太過即存少，思慮亦不正。
（卷卅五頁 24）

3、用心急者多不曉了，用心平者多曉了。英爽者用心一緊，亦且顛
倒眩惑，況昏鈍者豈可緊用心耶？（卷六頁 6）

所謂生命態度之「平」，乃相對於「起爐作灶」、「求索太過」，及用心急切、生命緊繃之不平狀態而言。換言之，踐道者生命向度愈是「優裕寬平」，則其心中所存之「天理」自能增多且正大，愈是足以容受「道之在其自己」的汨汨流出；反之，踐道者一旦落入後者不平之生命狀態，不僅本身無法從事涵養，得其「優遊」自在，甚且心中所存之天理（道）亦將消損不正，而有「顛倒眩惑」之錯亂危機，所以象山曾明言：「學者不可用心太緊，深山有寶，無心於寶者得之」（卷卅四頁 12），並即此而云：

1、當吾友適意時，別事不理會時，便是浩然，養而無害，則塞乎天
地之間；是集義所生者，非義襲而取之也。（卷卅五頁 11）

2、既知自立，此心無事時需要涵養，不可便去理會事……初學者能
完聚得幾多精神，才一霍便散了。某平日如何樣完養，故有許多精
神難散。（卷卅五頁 17）

可見真正之「涵養」，須在踐道者生命大本已然卓立的基點上才能進行；故所
謂「適意」者，即踐道者「優裕寬平」地對「本體」之承載有了相應契會時
——生命自己所自然流露出的順適悅樂之實感；「別事不理會」及「此心無事」
者，係指此心無所對待而只是回到本體自身（上帝）；故象山即於以上這兩種
同質的生命狀態下而言涵養，明示以此涵養工夫至於極致，此心乃可充塞天
地之間。換言之，此種臻於極致之涵養工夫即是象山所謂之「完養」，故凡是
涵養工夫愈是純粹功深者，愈是能在此心「遇事」時不礙其生命精神之凝聚；
反之，初學者之精神「才一霍便散了」，更不應猛打開岔〔註 8〕自我耽擱，而
應即刻找回定位契入「本體實踐」之修為脈絡，才能切己有益。準此，乃可
對象山強調之「涵養」（即「完養」）明確地概括總結，此即：

1、大綱提掇來，細細理會去，如魚龍遊於江海之中，沛然無礙。（卷
卅五頁 3）

2、惟精惟一，須要如此涵養。（卷卅五頁 18）

所謂「大綱提掇來」之「大綱」，自然不是道德實踐知識之大綱，而是踐道者
經由「立志」「剝復」地工夫踐履，以使生命「徹骨徹髓見得超然」的本心大
綱。準此，「細細理會去」的理會對象，也不是理會別的心外之物，而只是理
會此「能寂能感，自己能行使其道之流行趨向」的本心而已；唯有踐道者如
此「惟精唯一」（「惟精」者，無雜染也，「惟一」者，無二也）地涵養本心，
使「如魚龍遊於江海之中，沛然無礙」，則踐道者的生命境界自能純粹無間，
優遊自在，此厥為象山本體實踐學的最終造詣。

以上已就涵養工夫之義詳盡闡明，則象山優遊讀書之法及其與本體實踐
學之關係，此處亦應一併論及。

自來「不重讀書」或漠視經典的認知之理，常為菲薄象山心學空疏者之

〔註 8〕筆者所謂猛打開岔，主要是指「閒說話」與「閒議論」，故象山嘗云：「閒說
話皆緣不自就己身著實做工夫，所以一向好閒議論；閒議論實無益於己，亦
豈解有明白處」（卷六頁 8），並言：「某閒說話，皆有落實處；若無謂閒說話，
是謂不敬」（卷卅五頁 19），可見初學者之「閒說話」與「閒議論」，只是助成
本來「蔽於意見」的負面習氣之增長，並顯示對自家迄未開顯的「本心」之
大不敬，於其道德實踐之提撕實無裨益。

所樂道，然象山果眞如是乎？象山嘗明言：

1、長兄每四更一點起時，只見某在看書或檢書或默坐，常說子姪以
爲勤，他人莫及；今人卻言某懶，不去理會，好笑！（卷卅五頁 24）

2、束書不觀，游談無根。（卷卅四頁 18）

可見象山不僅不反對讀書，他自己其實是很精進地「看書」及「檢書」的。
並言：

1、何嘗不讀書來，只是比他人讀得別些子！（卷卅五頁 12）

2、阜民既還邸，遂屏棄諸書，及後來疑其不可，又問先生；則曰：
某何嘗不許人讀書，不知此後有事在。（卷卅六頁 12）

由以上「何嘗不讀書來」及「阜民既還邸，遂屏棄諸書」之語，可見象山平
時言論或有爲門人弟子把捉不準而生誤解者，﹝註 9﹞所以象山乃不厭其煩重
申：「只是比他人讀得別些子」及「此後有事在」；然以上二語所示之語意脈
絡畢竟不同，故宜分二路加以究詰。所謂「只是比他人讀得別些子」之所指，
象山曾云：

1、所謂讀書，須當明物理、揣事情、論事勢。且如讀史，須看他所
以成所以敗，所以是所以非處，優游涵泳，久自得力；若如此，讀
得三五卷勝看三萬卷（卷卅五頁 9）

2、燕昭王之於樂毅，漢高帝之於蕭何，蜀先主之於孔明，符秦之於
王猛，相知之深，相信之篤，這般處所不可不理會。讀其書，不知
其人可乎？（卷卅五頁 2）

由此可見，象山所謂「只是比他人讀得別些子」所指的，乃是即讀書理解文
義之認知活動外，又多一層對此經典生活世界之義蘊加以洞明、參與的活動，
以使對經典生活世界之「內在理則」有最根本的掌握。此處「內在理則」所
指的，係指經典生活世界中之「物理」「事情」「事勢」，皆有其所以如此或所
以不如此的「形成之理」，踐道者須即此「形成之理」有提綱挈領、一眼洞明
的穿透力，才能對此經典生活世界生成變化的樞紐關鍵如實把握洞悉。換言
之，此種把握方式不是依觀念認知而來的相對把握，而是由本體實踐學展開
地「優游涵泳」式的根源把握；質言之，須是踐道者將我所洞明之歷史或經

﹝註 9﹞依筆者之見，象山「學苟知本，六經皆我註腳」（卷卅四頁 1）及「六經當註
我，我何註六經」（卷卅六頁 31）二語，應是最容易令象山弟子視爲不必讀書
之證據而生誤解者。

典生活世界生成變化之樞紐理則，經由我能寂能感之本心「在其自己」的涵泳吸納，使之內在於我並與我的深心一體縮合，只有在這個意義下，其讀書方法才能承體起用富創生性，也才是象山所謂「比他人讀得別些子」之眞義。要點出的是，此種「優游涵泳」式的讀書方法，踐道者不能只耽留於經典世界中，否則充其量只是後知後覺、循跡考源的理論分析家罷了，它還須踐道者即此回歸到自身所處的現時生活世界，並對此現時生活世界所以然的「形成之理」有第一序的洞明；準此踐道者不僅須於讀史時知其「所以成所以敗，所以是所以非」，也不僅當在經典生活世界中對燕、漢、蜀、秦諸君的知人之明有所領會，同時亦須踐道者秉承本體實踐學「優游涵泳」式的根源掌握，即於我所處的現時生活世界有「知之於先」的洞明，才能有「讀得三五卷勝看三萬卷」的實際受用。

由此可見，象山所謂「此他人讀得別些子」的讀書指向，確實隱含著可以伸展到儒家外王實踐通路地可能。只惜此種「伸展」方式終歸「隱含」著某種可能而已；此因「明物理、揣事情、論事勢」雖爲開展外王事業之必要條件，然若只基於儒家本體實踐學的立足點便欲伸展，忽略「客觀結構之理」本身對外王事業成敗的重大影響，〔註 10〕其無法眞讓外王得以落實也是勢所必然的。

至於象山所謂讀書「此後有事在」之義，象山言：

1、開卷讀書時整冠肅容，平心定氣，訓詁章句苟能從容勿迫而諷詠之，其理當自有彰彰者；縱有滯礙，此心未充未明，猶有所滯而然耳，姑舍之以俟他日可也，不必苦思之，苦思則方寸自亂，自蹷其本，失己滯物，終不明白，但能於其所已通曉者有鞭策之力，涵養之功，使德日以進，業日以修，而此心日充日明，則今日滯礙者，他日必有冰釋理順時矣！（卷三頁 2）

〔註 10〕就傳統儒家而言，知識分子大抵是由心靈主體出發，先對生命、道德、文化的意義有所掌握，才將此掌握的「意義」逐步擴展到整體客觀社會結構裡去；然今日吾人應兩路並進，試從「結構」本身來思考問題，才可發現不但人的主體發展能夠改造社會，相對地，「結構」也能決定「意義」的生發，因之吾人可提出理想的結構，來批判、檢查此現實的結構。故「現在必須增加的思路是：客觀地檢查結構，無論是語言結構或社會結構，看這些結構所展現出來的法則脈絡、權力分配、人與人之間溝通的模式是否合理」，才吻合目前時代、潮流之發展趨勢。以上引文見沈清松《現代哲學論衡》頁 395。

2、讀古書且當於文義分明處誦習觀省，毋忽其爲易曉，毋恃其爲已曉，則久久當有實得實益；至於可疑者，且當優游厭飫以俟之，不可強探力索，後日於文義易曉處有進，則所謂疑惑難曉者往往渙然而自解。（卷十頁7）

如果前述所謂「讀得別些子」指涉的，是多了一層可能通往「外王」之路的培養工夫，則此處「此後有事在」所示的讀書方法，顯係銜接著本體實踐學之「內聖」修養；故所謂「開卷讀書時整冠肅容，平心定氣」，不是收拾心情以利專注用功而已，而須即是「打疊田地淨潔」地「剝」的工夫；此時踐道者與書本之關係，乃不同於時下以書本內容爲「主」、認知心之理解爲「從」的相對型態，而須視爲「踐道者（本心）」與「道之文本」彼此交流的互動關係；在此意涵下，踐道者對於書中義理「縱有滯礙」不明，乃可「姑舍之以俟他日」；但對文義「易曉」「已曉」者卻不能自恃理解而輕忽，此因「道」之本質並不隨著認知心之「易曉」「已曉」，而減少它對踐道者生命可能賦予地深層啓發；準此我們可以看出，象山「優游厭飫」的讀書法之於「道」的開顯，乃是存在著由「局部之明」的本體掌握，逐步濡染擴充而進於生命之「整體之明」的，至於「局部之明」進於「整體之明」之所以可能，則是踐道者著實下了「優游厭飫」的「涵養之功」有以致之。故象山嘗云：

1、如《中庸》、《大學》、《論語》諸書不可不時讀之，以聽其發揚告教。（卷五頁2）

2、牛山之木嘗美矣，以下常宜諷詠。（卷卅四頁14）

此處所謂「聽其發揚告教」「常宜諷詠」即是象山「此後有事在」的涵養工夫；換言之，象山乃是採擇經典中對吾人本心有所啓發之「文本」，作最直接合於文本承載之「道」的契入，此時書本與踐道者便不是對立之二物，而即是《中庸》、《大學》、《論語》諸書內蘊之「道」在踐道者心中作「道之在其自己」的本來流行，而我之心只是聽任此「道」之流行一體獲致生命眞理的啓發受用而已；在此意義下，《孟子》「牛山之木」一段便不是諷詠於踐道者口中，也不只是了會於心中，而根本是踐道者在遂行「諷詠」涵養工夫時當下之生命實感，便即是「牛山之木」一段之「道」地如實呈顯，兩者之間乃是周浹無礙無分彼此的，此厥爲象山「優遊讀書」法銜接著本體實踐學之究竟深義。

準此可對本節涵養工夫——「優遊」加以總結：

所謂「優遊」二字，在象山學中顯有二義，如果專就縮結著「立志」及

「剝復」工夫之遂行基礎而言「優遊」，則此「優遊」乃是踐道者在涵養工夫臻於極致時（即「完養」）本心所自然流露之生命造境，故此時所言之「優遊」，較側重於本心全幅開顯後生命境界的保任不失，準此可視爲「即工夫即境界」之生命造詣。再就縮結著踐道者的讀書方法而言「優遊」，則此「優遊讀書」可以指向「內聖」與「外王」二路，只惜後者指向「外王」實踐之通路睽隔著「客觀結構之理」未能疏通，以致只能「隱含」著這種蘄向的「可能」；故「優遊讀書」眞正達致的功用，乃是有助於踐道者在遂行涵養工夫時獲致「道之在其自己」的生命開顯，而此開顯方式，顯然可由「局部之明」的本體掌握，逐步濡染進躋於生命「整體之明」的完成；準此，「優遊讀書」便不徒爲踐道者企及本心開顯可以運用的方法，它亦可在此基點上，回歸聯結「立志」、「剝復」以迄「優遊」的工夫脈絡，再遂行其本心開顯後的涵養保任而得其「優遊」；故「優遊」二字雖有二義，然在踐道者具體踐道途程中終歸只是階段性的次第差別，如將「本體實踐」視爲一無可分割的整全發展，則此二義終可在踐道者自知內在修爲次第的前提下先後運施而予縮結的。

第五章　從陸九淵之施教指點，看本體實踐學之講學內涵與教育深度

　　以上已就象山本體實踐學及其工夫論詳盡講明，此在一般闡述象山學之研究要求上，已屬首尾貫串目標達成，然筆者並不打算就此打住；換言之，只有進一步擴大伸展到象山講學的教育生活背景，窺探象山講學的內在縱深，才是最能實質豁顯象山人格精神的最佳方式，本章即是在前三章研究基礎上所做出的開展，期使讀者能更深切感受象山在中國道德實踐史（或中國教化史）中人格教育實施顯現的內涵與風貌。

　　秉承此種理念，本章研究目標並不以平面認知理解為已足，而總以能具體進入象山講學的內在情境為鵠地，此因唯有掌握內在情境去開展，此才是最本質的相干；故本章雖然分立為四小節，但此四小節只是一整體人格教育精神之通貫發展，不宜以分別割裁的態度平面視之，在筆者以上研究目標及寫作原則業已宣示後，準此可進入本章主題之相關討論。

一、陸九淵「講學」之意涵──由「先知先覺」開啓的「說人品」之教育活動

　　一如筆者第一章第三節所言，象山用以啓發人心的「生命語言」，實不利於以概念性思考為進路的認知研究，故歷來研究象山之學者多無法長篇大論完成一部理想的著作，無怪乎牟先生亦云：「象山之學並不好講，因為他無概念的分解，太簡單故；又因為他的語言大抵是啓發語、指點語、訓誡語、遮撥語、非分解立義語故。在此種情形之下……很可能幾句話即完，覺其空洞

無物，然亦總覺此似若不能盡其實者」；〔註1〕象山學所以表顯出此種看似簡單、實則難以講明的特色，依筆者之見，實與象山畢生心力灌注唯在講學教育，用以啓發受學者人格之豁顯密切攸關；可以這麼說，作爲弘揚「生命眞理」的人格教化者——象山，其所講的學問內容，乃是在其德性精神涵攝下自肺肝中流出，也是在懷抱著無限悲心的心境下不已於言地陳述的；所以在憂念天下蒼生——「生命之不在其自己」的自我賦予教化責任的要求下，實不容准他再分出精神照顧其他次要的——學術理論是否能夠清楚「分解立義」，以滿足做爲「智識化儒學」的客觀研究需求；甚至在以「人格教育」爲生平大事的用心下，連是否要著書〔註2〕或編纂語錄〔註3〕以供時人閱讀，也被視爲第二序以後的附屬情事。所以象山明言：

> 人品布宇宙間迥然不同，諸處方曉曉然談學問時，吾在此多與後生
> 說人品。（卷卅四頁4）

可見象山非常清楚自覺自家講學的內容，根本不是如別處所陳說的道德實踐知識（即「談學問」），而只是直截道出自家胸臆是如何成其「人之所以爲人」（即「說人品」）而已；〔註4〕換言之，受學者若不能相應於象山學渾然是一

〔註1〕 見牟先生《從陸象山到劉蕺山》頁3。

〔註2〕 象山生平並未著書，故年譜云：「壽皇內禪，光宗皇帝即位，詔先生知荊門軍。先生始欲著書，常言諸儒說春秋之謬，尤甚於諸經，將先作傳，值得守荊之命而不果」（卷三十六頁20）

〔註3〕 象山對指引學者契入聖賢學問的文字記載（如語錄），因其實施效果的「不確定性」，一向抱持審慎保留的態度，嘗云：「每觀往年之文，其大端大旨則久有定論，至今不易。若其支葉條目，疏漏舛錯，往往有之，必加刪削乃可傳也」（卷十頁3）、「呈所編語錄，先生云編得也。但言語微有病，不可以示人，自存之可也。兼一時說話有不必錄者。蓋急於曉人，或未能一一無病」（卷三十五頁11），並言：「記錄人言語極難，非心通意解，往往多不得其實。前輩多戒門人無妄錄其語言，爲其不能通解，乃自以己意聽之，必失其實也」（卷一頁2），可見在象山心目中，實質性戡入受學者「不得其正」的生命內部加以指點，顯較只依循閱讀語錄以契入實踐脈絡，是更直接而有效的。

〔註4〕 象山既以「說人品」爲其講學之不共特色，可見象山心目中之「人品」有本於其「本體詮釋」而來的高低層級之區分，然此區分判準何在呢？象山言：「道之廣大悉備，悠久不息，而人之得於道者，有多寡久暫之殊，而長短之代勝，得失之互居，此小大、廣狹、深淺、高卑、優劣之所從分，而流輩等級之所由辨也」（卷二十二頁4），可見象山心目中人品高低層級之區分，端繫於吾人「得於道者」的殊別程度；換言之，此「得於道者」所指的，即踐道者如何從「本體實踐學之工夫論」，以企及於「心即理」與「本體實踐之理」的整全之「道」之開顯，所以象山「說人品」簡單說來，即是直接道出自己是如何

「說人品」之本質去契入，並進而使自己之「人品」在此契入中獲得相應於此本質之提昇，則不論其「學問」再怎樣淵博高深，都是弄擰、錯失了方向；要揭櫫的是，此處象山所謂「說人品」之「說」字，根本不是一般的理論言說，而是直接透入我人生命根源地第一序「實說」，所以象山乃言：「有所蒙蔽，有所移奪，有所陷溺，則此心為之不靈，此理為之不明……一溺於此，不由講學，無自而復」（卷十一頁6）、「若不知人之所以為人，而與之講學，遺其大而言其細，便是放飯流歠，而問無齒決」（卷卅五頁15）；可見在象山學的義蘊下，將象山講學視作一種與生命直接照臨的「人格（人品）教育」，乃是遠甚於將之視做認知對象來研究的學術教育的；再進一步說，如果象山「人格教育」目標已然充盡達成（指普天下人都已開顯其本心，並得以在日常生活中如理發露），則在象山心目中所謂客觀學術理論根本是可以取消不存的。故象山即此而言：

> 1、學之不講久矣！吾人相與扶持於熟爛之餘，何敢以戲論參之！（卷十四頁2）

> 2、此心之良，人所均有，自耳目之官不思而蔽於物，流浪展轉，戕賊陷溺之端，不可勝窮，最大害事。名為講學，其實乃物欲之大者。
> （卷五頁5）

可見象山之講學活動，實表顯著「生命」與「生命」相互扶持提昇的特性，而不容以「輕慢心」（「戲論」）夾雜其間（乃1所示者）；更可以說，講學活動所講論的，只是「人所均有」的「此心之良」，而不是其他外在物事，若是有人違背此「內指」原則而講學，則此「講學」本質乃是與追求「物欲」滿足的低等層級無所區別，甚且猶有過之可視為「物欲之大者」。

　　有了上述環繞象山「講學」活動意義的周邊論述，準此吾人可以「講學」活動的施教者——「師」之角色為進路，闡明象山「人格教育」所涉及的一切論題。象山云：

> 1、師者，人之模範也。（卷四頁9）

> 2、學當有師，天之生斯民也，以先知覺後知，以先覺覺後覺，此其理也。（卷十頁7）

由此可知，此道德實踐之施教者（師）須是先於我人證得「生命真理」的「先

成其為「真實的自己」而已。

知」「先覺」，此「先知」「先覺」自然不是尋常義——先於我人獲知未來現象變化的「未卜先知」，而是經由象山本體實踐學之工夫論，證得「心即理」與「本體實踐之理」的「先知先覺」；此因「先知先覺」以其從事道德實踐的眞實經驗與證道境界，深悉受學者進入道德實踐脈絡中各個階段所可能內具的普遍問題，與所以突破超越之方，正可做爲受學者具體踐道情境中的寶貴指引；當然，這樣的疏釋乃是側重於「師」的指導功能與傳道資格而言，然此顯然觸及一問題，此即：此「先知先覺」（師）之所以可貴，不端在其指引功能與「人之模範也」的理由，更重要的是，此「先知先覺」自身存在的意義即已強烈揭示——從事道德實踐儘管須通過漫長的踐道過程，但只要人間有此「先知先覺」眞實俱在，則此「存在」便等如訴說「道德實踐」絕對可以實現完成，而不只是懸著一假設的可能理想而已，則此昭然存在的具體「事實」，對古往今來普遍迄未見道、此心不免動搖的廣大踐道者來說，便具備較諸任何學理上的言說更具說服力的「示範」意義；準此可言，此「先知先覺」（師）從事之講學意涵，乃宛如一「生命眞理」之人格（人品）磁場，以其全幅人格精神，吸納四面八方感應於此磁場的踐道者與之從游，共同蔚成一以「道」（生命眞理）爲中心，以「人格」（人品）之創鑄豁顯爲標地的德性生活世界。在此德性生活蘄向下，則受學者對施教者（「先知先覺」、師）抱持的態度便成爲「人格教育」是否能存在、進行的重要條件；換言之，此即所謂「尊師重道」思想之必須揭示，〔註 5〕故象山云：「論學不如論師，侍師而不能虛心委己，則又不可以罪師」（卷四頁 10），此即是說，受學者不「學」則已，一旦眞心有志從事道德實踐，便應有將「己身生命」託付給施教者管束而全然服膺的「尊師」態度；反言之，施教者何嘗不知天下眾生乃是指導教化不盡的，但在其本心發露「不已於自己」地——「正言正論要使長明於

〔註 5〕 關於中國「尊師重道」思想之闡發，唐君毅先生曾有精闢之講明：「中國人之尊師，即亦中國文化統緒所以形成之故。蓋中國學者之從師，乃在一時只從一師游……一師精神貫注於若干學生徒弟，若干學生徒弟之精神則凝聚集中於一師……在中國之過去教育方式下，則吾人之精神先集中於師，直接與師之整個生活，整個人格相接觸，同時直接接觸其學問之『綜合方式』，而無意間引發吾人自身之綜合能力。師之人格學問若眞偉大，則學者沐浴於其春風化雨之下，同爲其師之爲學作人之風度所感召，即皆可分別瞭解其師之學問人格之全體，而亦可爲一具體而微之人物。……此中學者之學問道德，無論如何過於其師，然飲水思源，則不能泯其愛敬」。以上所言，厥可作爲象山講學背景所內具的精神氛圍。引文部分見唐氏《中國文化之精神價值》頁 209 至 210。

天下」（卷卅五頁 15）自我賦予教化責任之鞭策下，則「道之行不行，固天也，命也；至於講明則不可謂命也」（卷十頁 6），其必本於道德實踐之自然伸展，而有「知其不可而爲之」承擔教化之勇氣；畢竟在道德實踐學以「生命眞理」之根源把握爲第一要務的體認下，踐道者投入「意義之流」的教育（講學）活動中，使與我之本心縮結爲一的「普遍之人」同樣獲得生命眞理之灌飫，此才是人生第一義諦的飽滿充實，同時也即是踐道者「宇宙即吾心，吾心即宇宙」的生命本分事的實現與完成。

二、從師生之角色份位，看陸九淵本體實踐學之教化原理

以上已就象山「講學」之眞實意涵予以講明，準此可知，講學教育必得在師生生命雙向互動的基礎上展開，故任何一方對人格教育實施之成敗都具有關鍵性影響，即此可從「受學者」與「施教者」兩方所當具備的態度與方法之運用加以討論，象山云：

> 1、誠得其師，則傳授之間，自有本末先後。（卷十頁 7）
>
> 2、是理之在天下，無間然也；然非先知先覺爲之開導，則人固未免於暗，故惟至明而後可以言理，學未至於明而臆決天下之是非，多見其不知量也。（卷廿二頁 3）

此處明白指出，先於我人證得眞理之實的「先知先覺」（師），其透顯的生命智慧可以「至明」一語加以形容，在其心已無私意蒙蔽的全體光明朗照下，乃可從事「傳道」與「言理」的發用工作。即此而言，施教者之「傳道」便宛如協助受學者打開生命之心燈，使去除生命之幽暗以重新照見本心之光明，然此傳道工作並非靜態式的固定在那裡，它勢須安置於一具體活動的生活世界中才能進行，故得有恰當的先後施教次第才能相應而有效；值得一提的是，傳道者（象山）施教之內容固爲其本體實踐學之自家血脈，然一旦落入具體指導的現實格局中，除非受學者的內在修爲已然成熟如蛹蛾之破繭而出，得以徹悟本心，否則對一般受學者而言，則此施教指點往往只有「定點」「單一」「個別」的施教作用，而非在此施教指點中即行給出「整體」，故象山云：「大抵立說，則自不能無病」（卷七頁 5），此處所謂的「病」，當然不是指立說所指向的眞理，而是言語本身一旦用以表詮、施教，便無法不受言語本身只能給出「個別」義而無法代表「整體」義的實存限制；無怪語錄記載：「一學者從游……聽得兩月後方始貫通，無顛倒之礙」（卷卅四頁 9）「廣

中一學者陳去華……自敘聽話一月，前十日聽得所言皆同，後十日所言大異，又後十日與前所言皆同」（卷卅四頁 25），可見同樣是象山之施教指點，但受學者從聆聽之始以迄完全領受知悉，其間往往跟其本身踐道根器與受學的主觀心態而有「進行式」的變化轉折；由是可知受學者的「聆道」態度至爲重要，故此可分二路，就受學者踐道歷程之轉折與何者爲諦當之「聆道」態度試予研究。關於前者踐道歷程之轉折，可舉象山門人黃元吉之例加以說明：

> 黃元吉（君舉）方信子淵之學，松曰：元吉之學，卻在子淵之上。
> 先生曰：元吉得老夫鍛鍊之力。元吉從老夫十五年，前數年病在逐外，中間數年，換入一意見窠窟去，又數年換入一安樂窠窟去，這一二年老夫痛加鍛鍊，似覺壁立，無由近傍。（卷卅四頁 21）

此例中，元吉踐道歷程可分爲四個階段，第一階段所謂「前數年病在逐外」，顯示元吉仍停滯於把捉外在物事的追逐層次，尚未具體進入踐道的生命情境；第二階段時，所謂「換入一意見窠窟去」，係指元吉已漸入於本體實踐的修養脈絡，然此只是「知解之知」迄未透入生命內部，以致將道德實踐知識（即「意見」）掛在嘴邊陳說宣揚，而有以「言說」取代「實踐」地──生命浮華不實的傾向；直至第三階段，元吉才終於憬悟前此兩階段（「逐外」與「意見」）之虛浮不實，得以眞正契入本體實踐之深邃內容，遂享去除「逐外」與「意見」之蔽後的自在風光，然此「自在風光」仍非究竟眞實，因其只是耽留於本心內在之「安樂」，卻未將此「安樂」的實感透顯發露於外，使與具體生活世界打成一片，故頂多是一封閉自限的境界型態（此即「窠窟」）；及至第四階段，經受象山「痛加鍛鍊」一兩年，元吉終於徹悟封閉型的安樂境界亦不究竟，故乃連此種沈緬於本心自在安樂的生命感受都予超越，不復依賴執著於此（即「無由近傍」），此才是超絕內外一切條件支持而得以使生命眞正獨立（此即「壁立」）的最終造詣。

至於後者所謂諦當的「聆道」態度，象山云：

> 1、此心苟得其正，聽言發言皆得其正；聽人之言而不得其正，乃其心之不正也。（卷十頁 6）
>
> 2、學者不求師，與求而不能虛心、不能退聽，此固學者之罪。學者知求師矣，能退聽矣，所以導之者乃非其道，此則師之罪也。（卷一頁 10）

從右可知，受學者之能「虛心、退聽」才是此心「得其正」的諦當學習態度；

此「虛心」也者，即踐道者不事先預存一個有所「質礙」〔註6〕的知見，才能讓此心謙卑虛靜下來，以方便「真理」之平平、如實的整體流入；至於「退聽」也者，即踐道者放下、撤除聆道之前自己有所仗恃的表面優越，讓此心謙退到施教者對普遍大眾的開示指點（尤其是「訓誡」「識病」的指點），都恍如是專門針對「學生之我」所發出，此才是契合本體實踐脈絡的「聆道」態度。然受學者何以須「虛心、退聽」至此，象山明言：

> 人未知學，其精神心術之運，皆與此道背馳。（卷十四頁3）

原來任何迄未進入道德實踐領域的踐道者，真正操控他生命運作主宰的，仍是他本來的負面習氣與私心妄意，準此表相上他雖躋於「爐錘之門」（卷四頁10）聆道，但其精神心術照樣可以「與此道背馳」，未必獲得施教者所發教誨的有效洗禮。故象山言：

> 1、生於末世，故與學者言費許多氣力，蓋為他有許多病痛。若在上世，只是與他說入則孝，出則弟，初無許多事。（卷卅四頁4）
>
> 2、正人之本難，正其末則易，今有人在此，與之言某適某言未是，某處坐立舉動未是，某人必樂從，若去動他根本所在，他便不肯。（卷卅四頁4）

如1所示的學者「病痛」，自然是本於「其精神心術之運，皆與此道背馳」而來的病痛，故如果勉強認定未踐道者之生命運作亦有所「本」，則此「本」便是如2所示的「動他根本所在」之「本」；換言之，未真踐道者之「假本」可視為其產生「病痛」的究竟根源，然則這樣的認定乃是未真踐道者所不及自知察覺的，故其亦有可能緊抱此「本」，而有唯恐一旦失落此「假本」便也將一併失去其自己所以為自己的恐懼。故此處可問：未真踐道者何以守護此「病根之本」如是堅固呢？原因則在——此「假本」乃是與其私心妄意的自己水乳交融為一，且是最熟稔親切、隨時貼近的，所以此虛妄之「假本」雖為未真踐道者帶來無數生命病痛，但反過來說，在此「生命病痛」迄未真正發作前，它也可能一併享有私心妄意之遂逞其自己的相對之樂，儘管此相對之樂的本質最後終將指向「病痛」之必然發作的。準此可謂：象山本體實踐學之「逆覺體證」工夫，〔註7〕雖為「逆反」於吾人私心妄意之形軀生命而進行，

〔註6〕此處所謂「質礙」一詞，只是方便套用佛家語，用以指涉有礙吾人容受「生命真理」注入的心靈質素。

〔註7〕所謂「逆覺體證」者，林安梧先生言：「逆者，不隨血氣心知往下往外轉，而

但此「逆」乃正所以導向吾人「精神心術」之「正」地向上運轉，故此顯然是一種「先難而後獲」的生命進路。反之，未眞踐道者「順成」私心妄意之遂逞，恰也導向其「精神心術」之「負」地下墮流轉，故也必有「先獲而後難」的病痛危機；所以象山對於後者並非不能施教，而只是必得多「費許多氣力」；象山即此施教方法而言：

> 吾與人言，多就血脈上感移他，故人之聽入者易，非若法令者之爲也，
> 如孟子與齊君言，只就與民同處轉移他，其餘自正。（卷卅四頁5）

可知象山並非硬生生欲將吾人所以病痛之「本」，「直角式」的予以搬正扭轉，反之，他乃是極智慧圓巧地，將本體實踐學之「本」與未眞踐道者病痛之「假本」辨證性地加以融合，此種融合方式當然不是意指兩者之內涵即此等同，象山只是明眼窺見：所謂病痛之「假本」與本體實踐學之「本」並非截然對立之兩端，故只要在病痛之「假本」上辨證性的來個徹底地「價值轉換」之疏通，則此病痛之「假本」是可以轉化成本體實踐學之所「本」的。換言之，此「價值轉換」的著力點即是所謂的「血脈」；可以這麼說，吾人病痛之「假本」乃是虛妄不實、中心無眞正主宰，它只是在吾人本心大本未能開顯前暫時越位作主，平常當此虛妄的病痛「假本」浮出檯面當家時，則吾人生命大本並非即此消失不存，而只是被虛妄「假本」暫時擠壓在生命底層較難呈顯發露而已；故施教者若欲喚醒受學者埋藏在底層的本心，必得先從其暫時越位的「假本」上著手；因爲受學者檯面上的病痛「假本」雖不得其正，但它還是隱微地與吾人生命底層「能寂能感」的本心一體相通，故施教者只要不是顢頇地欲強行匡制此受學者之「假本」，以加深其自我保護捍衛的「固執性」，反而只是就受學者「假本」之通往「本心」的血脈上「辯證融合」地肯認稱許，從而「價值轉換」加以疏通導向，則受學者虛妄之「假本」便不致自覺一無是處，而可在此巧妙地同體肯認中得到安頓，相對地，其陷於底層之「本心」亦將在此正面鼓勵的疏通中，相應起著「能寂能感」之作用而茁壯滋長起來，只要其強度足以凌越「假本」的力量，便即可於駕馭調伏此「假本」的超越中，重新當起自家生命的主人。關於此種「辯證融合」加以肯認稱許以達致「價值轉換」的教學法，象山即言：

> 返向本心求。覺者，一念振起，覺其本心也。……體者，親身躬行，以體會天道天理。證者，證其內在之本心，證其超越之道體，本心即道體，心即理也。」以上引文見林氏《現代儒學論衡》頁154。

教小兒須發其自重之意。（卷卅五頁 20）

所謂「發其自重之意」，即是使受學者眞知自己生命大本之莊嚴可貴而予尊之
重之，才能即此「自尊自重」的存在感受中，投入本體實踐的修養脈絡。然
象山教學法顯然不止上述「發其自重之意」的「柔和」一路而已，象山即明
言：

我這裡有扶持、有保養；有摧抑、有擯挫。（卷卅五頁 27）

所謂「扶持、保養」，即前述所謂「柔和」一路；至於另一路「嚴峻」的教學
法，則所謂「摧抑」與「擯挫」，此「摧抑、擯挫」之施教法當然不是任意隨
施教者情緒好惡而使用，而必得是基於施教者正確窺見受學者之生命狀態及
踐道修爲之「知人」本事而進行的。〔註 8〕故所謂「柔和」與「嚴峻」二路的
教學法，乃可指向「法語」與「巽語」之揭示，象山言：

法語正如雷陽，巽語正如風陰；人能於法語有省時好，於巽語有省

未得其正。（卷卅五頁 21）

本來，「法語」與「巽語」只是施教者用以指導受學者生命提撕的兩種口吻態
度之運用，就其同樣是針對受學者心靈之蔽加以點化而言，此「法語」與「巽
語」之本質應無高低層級之區分；然一旦置於人格教育的具體情境中，則受
學者接受「法語」與「巽語」的反應程度，正可看出其是否眞能打心底接納
「眞理」之實際修爲。換言之，如果受學者只接受「巽語」而排斥「法語」，
則受學者極可能是以自家形骸生命之「私心」，貪著「巽語」之柔軟無殺傷力，
此可視爲其私心「感情」勝過眞理「理智」的表徵，則其是否眞能在「眞理」
之前折服領受之便不無可疑；反之，受學者連在如雷陽照頂的「法語」中都
能自省服膺，此才可視爲眞有投入「本體實踐學」洪爐中自我改造的勇氣與
決心。故象山云：

元錫誠欲求知己，當今之世捨我其誰哉？但恐元錫怕逢知己耳！（卷

〔註 8〕象山之施教法顯然源自其「能寂能感」之本心，才得以達致準確實施的教育
　　　　效果；嘗云：「切磋之道，有受得盡言者，有受不得盡言者。彼有顯過大患，
　　　　苟非能受盡言之人，不必件件指摘他，反無生意」（卷三十五頁 35），又言：「只
　　　　要當獎即獎，當怒即怒，吾亦不自知，若有意爲之便是私，感畏人都不得」（卷
　　　　三十五頁 27），可見象山指點與否，都只是隨順本心之「能寂能感」而自如運
　　　　施；當本心自覺其自己而欲發用時，「當獎即獎，當怒即怒」，不必稍有遲疑
　　　　而錯過了最恰當的指點契機；反之，當本心自覺不必發用才是最得宜的「無
　　　　形指點」時，象山亦可「心知其爲非不以爲是，有二三年不說破者。」（卷三
　　　　十五頁 24）

十頁 5）

此則引文，除可昭見象山本心彰顯後的絕對自信外，也一併顯示此證道之「先知先覺」（指象山）不僅是吾人「生命真理」的指南，更可以是任何時空下的踐道者生命之著實「知己」。蓋此「知己」當然不是世俗以交情深淺為準的「知己」，而是以全幅生命投入道德實踐而無分畛域（如國籍、性別、階級、宗教等等差別）的「真知己」；故此「真知己」之存在只於道德實踐途程中彼此砥礪助成的基點上顯其意義，而排除世俗情感相互倚賴幫襯的成分。準此而言，此「真知己」便應有「知人」「識病」之看家本領，能對吾人身心所具存之病痛毫不隱諱全盤點出；而此點出當然是針對吾人踐道之有效蘄向，一體包括「摧抑、擯挫」與「法語」等陽剛手段之運用的。故踐道者誠欲道德實踐之增進，不僅不應屈就感情之私心只擇「巽語」而聽受之，積極地更應擴充胸懷，真心接納對我之生命缺點毫不保留施以「法語」之教誨的真知己，才能真正切己有益。然施教者（「真知己」）何以須如此嚴格，幾至於可能傷害到受學者「自尊」邊緣的地步呢？象山言：

1、較之流俗人則為賢者，在子之身則為深病。（卷三頁 3）

2、吾之所望於子（張輔之）者，非以流俗人望子也。如以流俗人望子，則子流俗人賢者矣！勉而進之，誠流俗中大賢者矣！望之以聖賢之門，乃始為一膏肓之病人也。（卷三頁 4）

由是可知，在中國道德實踐學的教化領域中，一旦師生間信任基礎已然穩固建立，則施教者對受學者之指點可以不隨著感情之拉近而相對放鬆；相反地，為了有效裁成弟子真能躋於「聖賢之門」，則施教者必須勞勞實實正視弟子——在「聖賢之門乃始為一膏肓之病人」的事實，而施以最高層次的施教指點與人格鍛鍊；換言之，此種施教指點與人格鍛鍊由表相觀之，似乎過於嚴格、不近世俗人情，但就道德實踐的人格教育精神而言，此種不近「世俗人情」的施教指點，卻才是最合乎儒家道德實踐本質的「天理人情」之指點；換個角度來說，如果施教者（象山）不是扣緊「心即理」說以從事講學，則大可退後幾步地遷就「世俗人情」，只以流俗標準平視受學者為「流俗人賢者」即大事已畢，準此自可保持形式上彼此「客氣」、實則「疏離」地沒有內在緊張的人際關係，而落得個無事與輕鬆，但此種型態的師生關係在象山人格教育義蘊下顯然是不究竟的，以此受學者仍「為一膏肓之病人」、「深病」依舊如昔故也；因此正是為了有效針對受學者具存之「深病」負責任地匡正到底，

更須施教者不辭辛苦，甘冒一點受學者可能「抗拒」「排斥」的風險，實質穿透其生命內部加以指導，使其內在仍具之「深病」得到徹底而有效的治療。

三、由實質之施教指點，試窺陸九淵本體實踐學之教化深度

以上由受學者諦當的學習態度，及施教者正確有效的教學法二路，探討象山本體實踐學之教化原理；今乃可於此討論基礎上，進一步深入象山對門人弟子施教的具體實例，以窺象山人格教育實施的深刻意涵。象山云：

1、老夫無所能，只是識病。（卷卅五頁 12）

2、某與人理會事，便是革君心之非事。（卷卅五頁 19）

即此可知，象山對受學者「事」上之指點，並非只針對其行為層面之不完美施以個別、單一的表相指正，而是由此行為層面透入其生命狀態何以不得其正的心病癥結加以指導；此因單一、個別之「事」乃是層出不窮糾正不盡的，故施教者施以教導的根本之計，自得針對受學者所能發動的「心之非」（即「假本」）下手針砭；換言之，只要是象山對受學者「事」上之指點，受學者便應即刻自覺──此「事」乃是直指其「心之非」，而不宜只在此「事」本身或周圍作任何無干之枝節修正而已；此處可舉實例加以討論，象山云：

1、足下近日謂所學與曩者異，直去遼入薊耳！向在都下，見足下行步瞻視若忘若遺，夜臥多寐語，肢體屈伸不常，皆由足下才氣邁往而學失其道，凡所經營馳騖者，皆適以病其心耳！（卷十二頁 5）

2、鄉見誠之未夜而睡，非有疾病，非委頓不能支持，但氣體昏倦，欲睡而遂縱之耳！誠之不能於此時少加勉強，誅而勿縱，而欲別求道術，別起疑惑，不亦左乎？（卷四頁 4）

即此可知，象山所理會之「事」微細、嚴格到何等地步。此二例中，所謂「行步瞻視若忘若遺，夜臥多寐語，肢體屈伸不常」及「未夜而睡」，以今人未真踐道之俗眼看來，何啻細微已極，難以語於過患之列；然在真正投入本體實踐學之踐道者（象山）而言，則「行步瞻視若忘若遺，夜臥多寐語，肢體屈伸不常」所代表的行為象徵符號，厥為踐道者未能主宰本心而任其放意隨行，以致「心──身」關係未能在生活行履中達到如其所如的正常如理運作；至於「未夜而睡」亦然，如果受學者不是生病調養，而只是「氣體昏倦，欲睡而遂縱之耳」，此分明是隨軀殼起念而來的放逸，絲毫未有本心自覺不安加以

提撕的加功努力。準此可知，象山對受學者生活末梢之「事」上指點，不是尋常「管家婆式」的銖錙必較，而是由此生活行爲末梢之過患，具見此踐道者心靈狀態不得其正之整體，故踐道者若不能於任何一個本心可能在生活末梢出岔的關頭及時「誅而勿縱」，而欲別求一個可以自外於具體踐道生活的「道術」，自爲象山所不許擯斥了。關於受學者生活末梢之「事」，象山即明言：

> 後生隨身規矩不可失。（卷三十五頁 21）

同樣地，此「隨身規矩」當然不是一般經由習慣教養而來的外在「規矩」，它必得是由吾人本心自覺之所從發，故象山言：

> 某平時未立學規，但常就本上理會，有本自然有末，若全去末上理會非惟無益；今既於本上有所知，可略略地順風吹火，隨時建立。（卷三十五頁 19）

由是可知，象山講學不立學規，乃是有見於以條文臚列成的「學規」只是退後好幾序的「末」之行爲規範，且各個踐道者不得其正的「細行」種類也是千差萬別，故只有受學者「常就本上理會」，才能總攝掌握自家生活行程中窮究不盡的行爲枝末。再如語錄所載：

> 指顯仲剩語多，曰：須斬釘截鐵。（卷三十五頁 28）

此處所謂「剩語多」，係指顯仲平時說話過於模稜兩可，顯示爲自己表裡（言行）是否能夠一致預留太多可以依違的退路空間，故象山乃直言以「須斬釘截鐵」，此所謂「斬釘截鐵」，自然不是「形式」上興之所至的逞其口給便捷，而是直指顯仲當爲自己從事道德實踐，卻迄未能由生命根源處煥發出絕對之自信總負其責；換言之，唯有踐道者已能表裡（言行）一致自作主宰，才可能出言「斬釘截鐵」，而不是言語恍似謙虛狷退（剩語多），而其實是本心未能卓立所導致的缺乏自信之生命表現。再如：

> 今全美（指傅全美）於所不當自咎者尚以自咎，於所不當自責者尚以自責，與所謂不知其非悍然自遂者相千萬也，今豈不能於所當改者而勇改之！（卷六頁 2）

此例中，全美顯係一本性純良之踐道者，故乃因生活周遭事件之觸動，［註9］

〔註9〕 關於此例中使全美「自咎」「自責」的事件內容，吾人固無從具體獲悉，但據象山言：「不肖之人悖逆犯上，死有餘罪，而何敢見其靈響；今全美乃悔其初，不有以厭不肖者之欲，而以致彼之死爲己罪，則亦惑矣！夫厭不肖者之欲，以遂其悖逆之謀，繩以春秋之法，不免於首惡矣，惠姦獎逆，以細人之姑息爲美行，以全美之明，豈得不知此之爲非是？」（卷六頁 1 及頁 2）可見此事

引發自己「於所不當自咎者尚以自咎，於所不當自責者尚以自責」的性情發露，然在象山看來，「人之所以爲人者，惟此心而已，一有不得其正，則當如救焦溺，而求所以正之者；今邪正是非之理既已昭白，豈可安於所惑，恬於所溺，而緩於適正也哉！」（出處同右引文），可見象山雖首肯傳全美本性純良，然對緣此純良之性情所表露出來過度地「自咎」與「自責」，也一概視爲「悔於所不當悔」的「不能自拔之過」（出處同右引文）；換言之，此「不肖之人」「悖逆犯上」的事實已然發生俱在，當務之急只是「如救焦溺，而求所以正之者」，而不是隨順善良本性之過當發作而沉溺於此，反而阻窒了道德實踐生命向度的持續開展；再如另一則類似於此的實例：

> 1、朱濟道說：前尚勇決，無遲疑，做得事，後因見先生了，臨事即疑恐不是，做事不得；今日中只管悔過懲艾，皆無好處，先生曰：請尊兄即今自立，正坐拱手，收拾精神，自作主宰，萬物皆備於我，有何欠闕？當惻隱時自然惻隱，當羞惡時自然羞惡，當寬裕溫柔自然寬裕溫柔，當發強剛毅自然發強剛毅。（卷三十五頁 18）

> 2、惡能害心，善亦能害心，如濟道是爲善所害。（同右）

由此兩則引文可見，朱濟道顯然未能眞正入於象山本體實踐學之實踐脈絡，以致陷於錯用實踐工夫之泥淖。此例中朱濟道所謂「前尚勇決，無遲疑，做得事，後因見先生了，臨事即疑恐不是，做事不得」，並非象山之指點有何謬誤，而是朱濟道未能即其「本心」整體性把握使得自如伸展，以致在每個生活片段的點上處處反覆計執懸擺，使得原本生命氣質中「尚勇決，做得事」的能力遭致圈限無法發揮；換言之，踐道者若眞能「自立」「收拾精神，自作主宰」，則自然可以隨順本心之能寂能感，當下在各種存在境域中發顯爲適得其宜的行爲表現，而不必落後數著地在生活末梢一一「悔過懲艾」，如此既失去本來的自己，動彈不得，更違失了象山本體實踐學的發用精神；準此如 2 所言——「濟道是爲善所害」之「善」，誠然是有心從事道德實踐之「善」，然此「善」卻非由正確契入本體實踐學之脈絡所發出，故未能使踐道者獲得實際受用也是必然的。再如語錄所載：

> 有學子閱亂先生几案間文字，先生曰：有先生長者在，卻不肅容正

件中「悖逆犯上」的「不肖之人」，平素或與全美極其熟識，以致全美乃將此不肖者觸犯死罪的成因，極大部分攬在自己平時未能循誘化導的過失上，因而自責過深，失去了踐道者那份「心得其正」的從容健康狀態。

坐，收斂精神，謂不敬之甚。（卷三十四頁 26）

此例中象山呵斥的，殊非几案間文字被「學子閱亂」之表面事實，而是實指受學者未能依本心自律原則，就「有先生長者在」之生活實境發爲合宜的「敬重」態度。進一步說，此學子眞正之過患，不只是「閱亂先生几案間文字」語意脈絡所表顯的對長者「不敬」的態度，更是明指受學者不能「收斂精神」，使本心操之在我，此種對自家生命不能把握的「不敬」，才是象山痛加責備的原因；再如全集之例：

> 有一生飯次微交足，飯既，先生從容問之：汝適有過知之乎？生略
> 思曰：已省。先生曰：何過？對曰：中食覺交足，雖即改正，即放
> 逸也。其嚴如此。（卷卅三頁 4）

此則引文可視爲象山師生生活教育內在互動之標準教材；蓋所謂「標準」者，除了點出象山講學終歸要受學者落實於生活之全體外，也一併顯示象山門人隨時照管本心的主動態度；此例中，象山並不因「飯次微交足」之細微過患而疏於指點，而該門生也能在自覺放逸之時隨即改正「交足」之過，而不致連自己已然放逸都曚然不知；換言之，正是在這種絕對要求「事、道、心」三者構成一生活實踐圓環的篤實學風，象山門人乃能屢獲朱熹稱賞，由衷發出「游其門者，多踐履之士」（卷三十四頁 4）、「陸子靜兄弟其門人有相訪者，氣象皆好」（卷三十六頁 10）的贊嘆語了。

四、從〈年譜〉之講學實錄，見陸九淵本體實踐學整體教育精神之豁顯

歷經上述象山本體實踐學具體實例的施教指點之闡明，準此可回歸筆者一貫以「生活化儒學」爲中心展開的論述方式，試觀象山講學所洋溢之整體精神與教育風貌，行狀云：

> 其始至行都，一時俊傑咸從之游，先生朝夕應酬答問，學者踵至，
> 至不得寐者餘四十日，所以自奉甚薄，而精神益強，聽其言興起者
> 甚眾，還里，遠邇聞風而至，求親炙問道者益盛。先生既受徒，即
> 去今世所謂學規者，而諸生善心自興，容體自莊，雍雍于于，後至
> 者相觀而化，游歟盛哉，眞三代時學校也。（卷三十三頁 3）

此除具見象山講學吸引各方俊傑與之從游的盛況，也連帶顯示象山本體實踐學之修爲造詣。所謂「不得寐者餘四十日」「而精神益強」，自然不是勉強提

起形骸氣性加以撐持的結果；象山所以能爾，除了弘道者「誨人不倦」的教育熱誠外，年譜即明言：「先生講論終日不倦，夜亦不困，若法令者之為也；動是三鼓，學者連日應酬，勞而早起，精神愈覺炯然，問先生曰：何以能然？先生曰：家有壬癸神，能供千斛水」（卷三十六頁18），此處所謂「壬癸神」，自是踐道者與天地同其無限、一經給予本身也不致短少匱乏的「本心」，而此本心之性質，顯然存在著愈是投入「意義之流」的行為活動，愈是能在此伸展創造價值的行為實踐中顯現其「愈用愈出」地特色；準此，象山門人才能在乃師人格教育的啟發帶動下，不必仰賴外在「學規」之匡制，而「善心自興，容體自莊」，成就中國教育史上感人至深的一章。以下再舉年譜所載象山五十歲於應天山講學時之實錄加以疏解：

> 先生從容講道，歌詠愉愉，有終焉之意。馮元質云：先生常居方丈，每旦，精舍鳴鼓，則乘山篸至，會揖陞講座，容色粹然，精神炯然。學者又以一小牌書姓名年甲，以序揭之，觀此以坐，少亦不下數十百，齊肅無譁。

> 首誨以收斂精神，涵養德性，虛心聽講，諸生皆俛首拱聽，非徒講經，每啟發人之本心也。間舉經語為證，音吐清響，聽者無不感動興起。初見時，或欲質疑，或欲致辯，或以學自負，或有立崖岸自高者，聞誨之後，多自屈服，不敢復發。其有欲言而不能自達者，則代為之說，宛如其所欲言，乃從而開發之；至有片言半辭可取，必獎進之，故人皆感激奮礪。

> 平居或觀書，或撫琴，佳天氣則徐步觀瀑，至高誦經訓、歌楚辭及古詩文，雍容自適。雖盛暑，衣冠必整肅，望之如神；諸生登方丈請誨，和氣可掬，隨其人有所開發，或教以涵養，或曉以讀書之方，未嘗及閒話，亦未嘗令看先儒語錄，每講說痛快，則顧傅季魯曰：豈不快哉？（卷三十六頁17）

以上所錄第一小段，可看出象山講學的容顏精神。所謂「容色粹然，精神炯然」「從容講道，歌詠愉愉」，此全從本心道體流出，自然渥沐，毫無勉強，真是天籟。於此我們可以看到「道」在一個具體存在的人格上朗然呈現；講道歌詠，全然是道，而此也即是生活；換言之，既通過這樣的生活來詮釋儒學，同時也通過這樣對儒學的詮釋來開展其講學的踐道生活。

第二小段，則指出象山教人的法門。所謂「收斂精神」即是回復本心，

自作主宰。「涵養德性」即筆者第三章「本體之理」所謂之「敬寂」（無事時，小心翼翼，昭事上帝）工夫。而「虛心聽講」則是剝落的工夫，唯盡了此剝落工夫，才能讓此心謙卑虛靜下來，方便「眞理之綸音」平平、如實的整體注入。準此「聽講」便不只是灌輸，而即是受學者行使「復」的工夫，也即是本心之朗現、申展的工夫。換言之，此三個工夫都是指向本心的，即所謂「啓發人之本心也」。正因象山人格全幅是本心之朗現與彰顯，因之「音吐清響，聽者無不感動興起」。

如象山這般地粹然、炯然，從容愉愉，自是毫無墨礙，故初學者儘管質疑致辯，或崖岸自負，然一旦契入其生活脈絡中，皆能由此生活之詮釋而上遂於道，油然興起；而象山亦本於證道者「深知學者心術之微」（卷三十三頁4）的「知人」法眼，自我「坎陷」〔註10〕下來，準確地代替「欲言而不能自達者」申說「其所欲言」，使受學者梗窒於心，阻礙本心朗現的牢結獲得開發撫慰，故「人皆感激奮礪」。

第三小段則將象山平日之生活面貌寫得淋漓盡致，觀書撫琴，徐步觀瀑，誦經訓、歌楚辭，讀古詩文，一切皆雍容自適，自然中道。所謂「自然中道」當然不是擬個心去符合道，而直是道之朗現與開顯耳，故爾「衣冠整肅，望之如神」，他的神情一直是和氣可掬，他祇是隨其人有所開發而不泥於文字。涵養心體，悠遊讀書，都只是從容，都只是「一心之朗現，一心之申展，一心之遍潤」，甚至每當講說得痛快，也本於最眞實的生命性情自如地發露，而無一毫矯飾不正摻雜其間，此厥爲象山由本體實踐學所開展的「人格」與「人格教育」精神豁顯的生活造詣。

總括本章所述，象山之講學意涵，實在表顯著由「先知先覺」所開啓的「說人品」之教育活動，而此「說」字不是尋常的理論言說，而是直接透入我人生命根源地第一序「實說」，準此象山「實說」的內容，實只是直截道出自家胸臆是如何成其爲「眞實的自己」而已；更因講學活動關乎師生間生命之互動交流，所以我們已從師生之角色地位，探討了象山本體實踐學之教化原理，就受學者的部分而言，我們已對其「聆道」態度與踐道歷程之內在轉折予以講明，至於施教者（象山）部分，我們也針對「本心」與「假本」內

〔註10〕此處「坎陷」一詞，只是借用牟先生「良知地自我坎陷」的概念；換言之，見道者欲代受學者「宣說其所欲言」，顯然要自高處坎陷下來，才能準確知其心靈狀態與存在情境。

在相通的著力點──「血脈」──之可以「價值轉換」的疏通原理詳盡說明，並對象山剛、柔二路的施教方法深入闡發，進而實質由象山之施教指點，具觀象山本體實踐學之教化深度，並從〈年譜〉之講學實錄，揭露象山整體教育精神之豁顯，準此本論文一貫以「生活化儒學」為觀點的開展方式，在此章乃能獲得充盡完整的抒展與發揮，並使筆者在導論中所強調的寫作目標──努力契入象山之實踐脈絡與存在情境，相應寫出《象山全集》文本之中隱而不見的「人格」與「人格教育」之想望，在此獲致多分實感之喚醒與目標之達成，則本論文正文寫作部分至此可告結束，得以成為一內可圓足、外可繼續開展的研究成果了。

第六章 結 論

　　本文研究業已透過爲數五章八萬餘言的探討，達到基本相應的理解，現在讓我們來回顧到底明瞭了什麼？或者猶有言之未盡可再開展的部分。

　　首先就第一章而言，我們已對「人格」「人格教育」與「人格教育思想」之義加以界說，並對「生活化儒學」之意涵有所規定，使前三者之界說得以安置於後者所規定的基礎上，成爲一個可供開展用以講明象山學之研究起點。其次在第二章裡，我們舉象山學中「六經」和「我」所蘊含的關係爲媒介，並以〈年譜〉所載之生活行儀爲線索，探討象山「生活化儒學」的具體內容，得悉象山心學所以形成此種生活風貌的內在根柢，乃是源自於由生命「體驗」（驗之於「體」，並以「體」驗之）所開啓的交流互動，此種「以『體』驗之」的生活面貌，不同於一般乾枯機械的形骸活動，而是爲生命活水所灌注，呈現爲一生機洋溢鳶飛魚躍「生化」「活化」的活潑生活；反過來說，此種「驗之於『體』」的生命，也非由形軀我、認知我、情意我所構成的「生命」，而必得基於對廣大生活世界的投入參與，展現爲一自由開放，並能在實際生活中雙腳立足的「無限生命」。更因此「生命──生活」之交流互動源自象山本體實踐學，所以此中存在著由本體實踐所開展的「本體詮釋」，此種「本體詮釋」自然不是「主體性」任意往外放射，將所有可供利用之「資源」延攬據爲己用，而是經由踐道者本體實踐之自如伸展所涵載地對「道體」（本體）的參贊，所以它乃是全面性、整體性的──既具體又存在的活動，這個契入參贊的活動過程乃是「即詮釋即創造」的，換言之，它投入了經典（歷史與傳統之中）乃至實際生活世界，並即此「詮釋」且「創造」了生活世界。如果借用詮釋學的說法來說明，即踐道者通過本體實踐根源性地詮釋且掌握了

歷史與傳統（生活世界）時，則一切傳統與歷史都不是客觀爲我所對的異己之物（即無須只是主體去接近一個獨立自存的客體），而實際上即是主體更本質地理解自己，並詮釋、開創了眞實地自己的內在活動。準此歷史與傳統雖是過去的遺蹟，但踐道者面對傳統與歷史的經驗，卻永遠是現存、直接並與我心交流的鮮活經驗；故傳統、歷史（經典世界）儘管可以客觀獨存，然一旦踐道者涉及內在生命的理解與詮釋活動，便一定是吾人與傳統、歷史的互動交融，客觀進入主觀之中，主觀涵融於客觀之內，即傳統即現在地不可割裁的生命交流。在以上理解基準下，第三章筆者乃將焦點集中還原到象山「生活化儒學」得以成立的「實踐依據」，此即「本體實踐學」中「心即理」說與「本體實踐之理」內容之揭示，前者側重於象山本心豁顯後整體證道境界之疏解，後者著重於象山踐道心行如何達成的分解理論之展示，俾使象山「生活化儒學」的內在根源有以呈現；準此第四章筆者乃於上述闡明基礎下，進一步再就象山使其本體實踐學得以落實的工夫論——立志、剝復及優遊之義深切講明，使其表裡銜接相互指涉，成爲一有始有終、工夫與境界縮合無間的完整領域；筆者衷心期待這兩章的研究，能對現今講論象山學迄未完備之處有所補充，並提供日後有心撰寫較理想地中國哲學史的學者一定的參考價值。第五章則將研究領域再度擴大擺置於象山講學之背景，具見象山講學活動所蘊含的深度意涵（即「說人品」，「人品」與「道」的關係），及其施教方法背後所透顯的教化原理，並舉象山人格教育實施之例證，以觀象山施教的具體原則與絕對精神；最後歸結於象山講學之生活實錄，用以豁顯象山「人格」與「人格教育」之整體精神，俾使在《中國教育史》之撰作普遍未能令人滿意的今天（依筆者管見，時下《中國教育史》之書籍中，唯有胡美琦女士之著作較能相應於中國道德實踐學之本質而有貼近的講明），本章能作爲一個更直接契入教化脈絡與存在情境的寫作藍本，提供有心認識中國教育精神的學者一方永恆的神思與嚮往；準此本論文乃能首尾貫串，讓以「生活化儒學」爲中心的開展一氣呵成，達致寫作目標所寄望的研究成果。

現在就本論文迄未論究的部分而言，則係「生活化儒學」雖爲一值得研究開展的嶄新論題，然若宏觀擺置於中國義理學的研究領域中，則如何重新疏理儒門人物思想（包括全部的活人生在內），以建構一縱貫地「生活化儒學」的系統研究，便成爲一極有意義卻充滿艱難度的高度挑戰。換言之，理論上我們固可視正統儒家都是以「生活化儒學」爲本質，但當我們具體欲以「生

活化儒學」為主軸去寫一部縱貫的儒學史時，則顯然不能簡單地依從時下中國哲學史的人物排列次序加以平面處理，而須另立一種相應於「生活化儒學」本質的規定或判準，才能揀擇何者是吾人所應研究的對象，並依其不同差別特性（如「生命」與「生活」間是否別有不同的聯繫）加以比較整理，再將此成果納入縱貫地「史」的研究工作中，才能使各個研究對象獲致恰如其分的講明與定位（如看出象山在中國「生活化儒學」的「史」的研究脈絡中定位何在）。總之，上述研究目標既繁且鉅，勢須仰賴更多有心之士積極投入「生活化儒學」的研究領域中，使得順遂發展；無論如何，「生活化儒學」恆然是中國文化中感人至深的一章，值得研究者傾力參與其中，一則研究者本身得以獲致一般知性學術研究無法提供的生命陶養，再者又可賦予儒家最原始地「即生活而踐道」的精神，在此智識化學術環境中保有一方純淨園地空間，這是筆者衷心禱祝樂見其成的。

參考文獻

一、基本資料

1. 《象山全集》（全），陸九淵，中華書局 76 年臺四版。
2. 《象山先生全集》（上下冊），陸九淵，商務書局 72 年 5 月初版。
3. 《從陸象山到劉蕺山》，牟宗三，學生書局 73 年 11 月再版。
4. 《陸象山》，曾春海，東大圖書公司，77 年 7 月出版。
5. 《陸象山研究》，林繼平，商務書局 72 年 5 月初版。
6. 《象山心學之比較研究》，陳德仁，學生書局 63 年 9 月初版。
7. 《陸象山弟子研究》，徐紀芳，文津出版社 79 年 4 月初版。
8. 《中國哲學原論》（原教篇），唐君毅，學生書局 73 年 2 月校訂版。
9. 《中國哲學史》，勞思光，三民書局 70 年 2 月初版。
10. 《中國哲學史綱》，馮友蘭，未載出版書局年月。
11. 《中國思想史》，韋政通，水牛出版社 76 年 10 月版。
12. 《宋明理學南宋篇》，蔡仁厚，學生書局 60 年版。
13. 《宋明理學概述》，錢穆，學生書局 73 年 2 月再版。
14. 《中國思想史論集》，徐復觀，學生書局 63 年 8 月三版。

二、一般學術專著

（一）教 育

1. 《中國教育史大綱》，王鳳喈，商務印書館 21 年 11 月一版。
2. 《中國教育思想史》（兩宋部分），伍振鷟，師大書苑 76 年 3 月版。
3. 《中國教育史》（上下冊），余書麟，師大出版組 54 年 11 月再版。
4. 《中國教育史》，陳東原，商務書局 69 年 12 月臺四版。

5. 《中國教育史》，陳青之，商務書局 55 年 5 月臺二版。

6. 《中國教育史》，毛禮銳、邵鶴亭、瞿菊農，五南圖書 78 年 10 月初版。

7. 《中國教育史》，胡美琦，三民書局 67 年 7 月初版。

8. 《教育心理學》，李德高，五南圖書 77 年 2 月三版。

9. 《教育行政學》，黃昆輝，東華書局 77 年 5 月初版。

10. 《教育心理學》，張春興、林清山，東華書局 79 年 3 月二十二版。

11. 《人文主義與教育》，王文俊，五南圖書 72 年 7 月初版。

12. 《王陽明教育思想之研究》，吳蘭，中華書局 75 年 3 月初版。

13. 《中國書院制度之研究》，趙汝福，台中師範 59 年 7 月初版。

14. 《中國書院制度》，盛朗西，華世出版社 66 年 3 月臺一版。

（二）中國義理

1. 《中國學術通義》，錢穆，學生書局 65 年 3 月再版。

2. 《智的直覺與中國哲學》，牟宗三，商務書局 76 年 6 月四版。

3. 《心學的現代詮釋》，姜允明，東大圖書 77 年 12 月出版。

4. 《從中國歷史來看中國民族性及中國文化》，錢穆，聯經 68 年版。

5. 《國史新論》，錢穆，東大圖書公司 78 年 3 月增訂版。

6. 《中國心性論》，蒙培元，學生書局 79 年 4 月初版。

7. 《孟子義理疏解》，王邦雄、曾昭旭、楊祖漢，鵝湖出版社 78 年 6 月四版。

8. 《中國文化之精神價值》，唐君毅，正中書局 64 年 8 月臺十版。

9. 《中國哲學十九講》，牟宗三，學生書局 75 年 10 月再版。

10. 《心體與性體》，牟宗三，正中書局 78 年 5 月臺初版。

11. 《中國哲學論集》，王邦雄，學生書局 75 年 2 月再版。

12. 《道德與道德實踐》，曾昭旭，漢光 72 年 4 月版。

13. 《思想與文化》，龔鵬程，業強出版社 75 年 4 月初版。

14. 《傳統、現代、未來——五四後文化的省思》，龔鵬程，金楓出版社 78 年 4 月出版。

15. 《現代儒學論衡》，林安梧，業強出版社，76 年 5 月初版。

16. 《儒學與康德的道德哲學》，楊祖漢，文津出版社 76 年 3 月出版。

（三）其 他

1. 《兩宋史研究彙編》，劉子健，聯經出版公司 76 年 11 月出版。

2. 《宋代社會研究》，朱瑞熙，弘文館 75 年 4 月初版。

3. 《宋代政教史》（下冊），劉伯驥，中華書局 60 年 12 月初版。

4. 《中國人的性格》，李亦園、楊國樞，全國出版社 70 年 3 月五版。

5. 《中國古代文化的特質》，許倬雲，聯經 77 年 5 月初版。

6. 《現代哲學論衡》，沈清松，黎明圖書 75 年 10 月初版。

7. 《人間的悲劇與喜劇》，朱建民，漢光 77 年 2 月三版。

8. 《心理學》，劉安彥，三民書局 71 年 4 月再版。

9. 《意義的探究》，張汝倫，谷風出版社 77 年 5 月出版。

10. 《東方民族的思維方法》，中村元，結構群 78 年 11 月版。

11. 《人生之體驗續編》，唐君毅，學生書局 73 年 7 月校訂版。

12. 《性情與文化》，曾昭旭，時報出版公司 72 年 4 月五版。

13. 《活出意義來》，弗蘭克，光啓出版社 76 年 10 月四版。

三、單篇期刊論文

1. 〈陸象山學術〉，錢穆，學術季刊 45 年 3 月四：三期。

2. 〈朱子與陸象山的交誼及辯學的經過〉，戴君仁，大陸雜誌 43 年八：一期。

3. 〈陸九淵「心學」之研究〉，周博裕，鵝湖月刊 74 年 11、12 月一二五期及一二六期。

4. 〈朱陸工夫異同論〉，葉偉平，鵝湖月刊 66 年 10 月第二十八期。

5. 〈象山的「心即理」〉，潘栢世，鵝湖月刊 64 年 8 月第二期。

6. 〈朱陸鵝湖之會唱和三詩新釋〉，吳有能，鵝湖月刊 76 年 9 月一四七期。

7. 〈義利之辨──以象山學作爲例釋〉，關亮清，鵝湖月刊 76 年 7 月一四五期。

8. 〈象山心學義理規模下的本體詮釋學〉，林安梧，鵝湖月刊 77 年 3 月一五三期。

9. 〈象山教育思想〉，高廣孚，師大教育學報 59 年 6 月創刊號。

10. 〈宋明理學之開展與分系〉，蔡仁厚，鵝湖月刊 66 年 6 月第十二期。

11. 〈宋明儒學的基本關懷及其再開展〉，王開府，師大國文學報 77 年 6 月第十七期。

12. 〈我國書院制度及其精神〉，黃金鰲，鵝湖月刊 67 年 7 月新十九卷第一期。

13. 〈論孟子的踐形觀──以持志養氣爲中心展開的工夫論面相〉，楊儒賓，清華學報 79 年 6 月新二十卷第一期。

14. 〈現代儒學發展課題試論〉，傅偉勳，當代月刊 80 年 8 月第六十四期。

15. 〈說道德與道德實踐〉，曾昭旭，鵝湖月刊 71 年 6 月第八十四期。

16. 〈以儒家哲學論教育之兩途〉，楊祖漢，鵝湖 74 年 8 月一二二期。

17. 〈儒家哲學的後現代課題〉，梁燕城，當代月刊 80 年 6 月第六十二期。

18. 〈教育的思考者與教育的勞力出賣者〉，卜問天，鵝湖月刊 78 年 11 月一七三期。

19. 〈人格的基本素質〉，賈馥茗，師大學報 54 年 6 月第十期。

四、博碩士論文

1. 〈陸象山思想之研究〉，李鈞棫，文化哲研所 53 年 6 月碩士論文。
2. 〈陸九淵哲學思想之研究〉，謝偉光，文化哲研所 62 年 6 月碩士論文。
3. 〈象山心學之探討〉，潘栢世，輔大 64 年 6 月碩士論文。
4. 〈陸王心學辨微〉，吳爽喜，輔大哲研所 64 年 6 月博士論文。
5. 〈陸象山心學之研究〉，吳盛林，師大 71 年 5 月碩士論文。
6. 〈陸象山學說的根源與演變〉，梁貴雄，香港珠海大學 72 年 6 月碩士論文。
7. 〈象山心學在宋學中之歷史意義〉，江義麗，文化中研所 72 年 6 月碩士論文。
8. 〈象山的形上論理說之探源〉，金東天，台大哲研究所 74 年 6 月碩士論文。
9. 〈陸象山心學研究〉，林浩德，輔大哲研所 75 年 6 月碩士論文。
10. 〈王陽明之人格教育思想〉，文瑄龍，師大教研所 76 年 6 月博士論文。